SHODENSHA
SHINSHO

ヴィジュアル版

天皇陛下と美智子さまの言葉

――国民に寄り添った60年

近重幸哉

JN129206

祥伝社新書

はじめに

天皇陛下の「生前退位」のお気持ちを滲《にじ》ませた、平成28年8月8日に発表されたビデオメッセージからおよそ2年9カ月、ついに新しい御代《みよ》が始まる。

「ご退位」――皇室報道に携《たずさ》わるものとしては、これ以上の衝撃的なニュースはなかった。そして、それまで週刊誌『女性自身』の皇室担当記者として天皇皇后両陛下をはじめ皇族方の動静やお人柄を読者に紹介してきた私に、「一冊の本を作らないか」という話が届けられた。

それが前著『明仁《あきひと》天皇の言葉』だった。前著は、天皇陛下のお誕生日や外国ご訪問の際など、折々に述べられる「お言葉」をたどり、「天皇陛下の御心」を読者に伝えたいという意図で書き進めた。

折々の天皇陛下のお言葉を拝読し、私の取材記録を合わせて陛下の「お気持ち」を思《し》量《りょう》する形で構成した。そこには日頃の陛下のお気持ちを補足する意味も込めて、皇后陛下美智子《みちこ》さまの記述された〝お気持ち〟も添えている。

今回、御代替《が》わりを機に加筆・修正し、掲載写真点数を増やすなど、再編集したのが本書である。さらに、前著にはない美智子さまのお言葉、御歌《みうた》も収録させていただいた。

昭和34年（1959年）のご結婚から今日《こんにち》まで、昭和を30年、平成を30年、実に60年間もの歳月を国民に寄り添い、両陛下は歩まれてきた。

改訂にあたって書名を『天皇陛下と美智子さまの言葉――国民に寄り添った60年』と改めたのは、そのためである。

平成最後の春に

近重幸哉《ちかしげゆきや》

目次

第2章　祈り

第3章　平和　121

第5章　幸福

第1章

象徴

平成31年1月2日、天皇皇后として最後の一般参賀に臨まれた

退位を前に

平成31年1月2日、皇居前広場には、未明から大勢の人たちが白い息を吐きながら整然と列をつくっていた。

平成最後の新年一般参賀。

玉砂利《たまじゃり》を踏みしめ二重橋をわたり、皇居・長和殿《ちょうわでん》前の宮殿東庭で天皇皇后両陛下、皇太子ご夫妻はじめ皇族方のお出ましに参賀を送った人たちはこの日、昭和23年（1948年）から始まった一般参賀で、これまでもっとも多い約15万5千人を数えた。

平成が終わる――。

新春の日差しのなかに響く歓声を聞きながら、誰もが同じ感慨を抱いていたはずである。両陛下、皇族方のお出ましは午前中に3度、午後に2度の計5回が予定されていたが、午後に2度のお出ましが追加された。人々の思いに応《こた》えるための異例のお出ましは、天皇陛下のたってのご希望だったという。

新しい年が明け、皇居・宮殿での新年祝賀の儀、講書始《こうしょはじめ》、歌会始など一連の行事がすんだ1月21日、天皇皇后両陛下はご静養のため神奈川県の葉山《はやま》御用邸に向かわれた。

その途中、両陛下が立ち寄られたのは神奈川県横須賀《よこすか》市の観音崎《かんのんざき》公園。眼下に東京湾が広がり、行き来する多数の船舶の姿を望む場所にあるのが「戦没船員の碑」だ。

この慰霊碑は、太平洋戦争で犠牲となった民間船の船員を悼《いた》むために昭和46年（1971年）に建てられたもので、同年、当時皇太子・皇太子妃だった両陛下は、建立《こんりゆう》に合わせて開かれた第一回追悼式に参列されている。

太平洋戦争では旧日本軍によって多くの民間船と船員が徴用され、兵員や物資の輸送、洋上監視にあたらされた。そして、アメリカ軍の航空機や潜水艦の攻撃で沈没した民間船は7240隻、約6万6000人が命を落としたといわれる。そのうちの3割がまだ10代の若者だったという悲惨な歴史に思いを馳《は》せられたのである。両陛下がこの碑に拝礼されたのは、皇太子ご夫妻時代も含め8度目のことだった。

その後、葉山へと向かわれた両陛下は、ご到着後、葉山御用邸裏の浜辺を散策された。お出迎えの人々と気軽にお言葉を交わされた天皇陛下と美智子さまのご様子は、これまでと変わらなかったが、残り少なくなったご在位への想いを抱かれながらのご交流と思えた。

思えば「はじめに」で触れたように、退位のご意向を滲ませた天皇陛下のビデオメッセージがテレビから流れたのは、平成28年8月8日のことだった。第125代の天皇として30年余り。平成の御代を見守ってこられた天皇陛下は、ご退位を前にどのようなお気持ちを抱かれたのだろうか。

平成31年2月24日には、東京の国立劇場で「天皇陛下御在位三十年記念式典」が開かれ、陛下はお言葉を述べられるなかで、美智子さまの御歌を紹介された。

平成が始まって間もなく、皇后は感慨のこもった一首の歌を記しています。

ともどもに平《たひ》らけき代を築かむと諸人《もろひと》のことば国うちに充《み》つ

平成は昭和天皇の崩御と共に、深い悲しみに沈む涼闇《りようあん》の中に歩みを始めました。そのような時でしたから、この歌にある「言葉」は、決して声高《こわだか》に語られたものではありませんでした。

平成の終わりに

葉山御用邸前の浜辺で、近所の住民と言葉を交わされる

在位 30 年の記念式典。原稿を間違われた陛下に美智子さまが……

しかしこの頃、全国各地より寄せられた「私たちも皇室と共に平和な日本をつくっていく」という静かな中にも決意に満ちた言葉を、私どもは今も大切に心にとどめています。

いま国民に伝えたいこと

平成30年12月23日に85歳となられた天皇陛下は、ご在位中最後のお誕生日に際して、現在のご心境とともに「いま国民に伝えたいこと」を尋ねられ、次のように述べられた（宮内記者会との会見。行なわれたのは12月20日、宮殿石橋の間）。

今年も暮れようとしており、来年春の私の譲位の日も近づいてきています。

私は即位以来、日本国憲法の下で象徴と位置付けられた天皇の望ましい在《あ》り方を求めながらその務めを行い、今日までを過ごしてきました。譲位の日を迎えるまで、引き続きその在り方を求めながら、日々の務めを行っていきたいと思います。

さらに国際情勢に思いを馳せながら、戦後日本の歩んだ道のりを振り返りつつ、沖縄について言及された。

終戦を11歳で迎え、昭和27年、18歳の時に成年式、次いで立太子礼《りったいしれい》を挙げました。その年にサンフランシスコ平和条約が発効し、日本は国際社会への復帰を遂げ、次々と我が国に着任する各国大公使を迎えたことを覚えています。そしてその翌年、英国のエリザベス二世女王陛下の戴冠式に参列し、その前後、半年余りにわたり諸外国を訪問しました。それから65年の歳月が流れ、国民皆の努力によって、我が国は国際社会の中で一歩一歩と歩みを進め、平和と繁栄を築いてきました。昭和28年に奄美《あまみ》群島の復帰が、昭和43年に小笠原《おがさわら》諸島の復帰が、そして昭和47年に沖縄の復帰が成し遂げられました。沖縄は、先の大戦を含め実に長い苦難の歴史をたどってきました。皇太子時代を含め、私は皇后と共に11回訪問を重ね、その歴史や文化を理解するよう努めてきました。沖縄の人々が耐え続けた犠牲に心を寄せていくとの私どもの思いは、これからも変わることはありません。

陛下が先の大戦にお心を痛められ、とくに沖縄の人々が多くの犠牲や忍耐を強《し》いられてきたことに強くお心を寄せられていることがわかる。

さらにお言葉を継がれたとき、一瞬、陛下がお言葉を詰まらせたのは次のようにお話しになられたときだった。

そうした中で平成の時代に入り、戦後50年、60年、70年の節目の年を迎えました。先の大戦で多くの人命が失われ、また我が国の戦後の平和と繁栄が、このような多くの犠牲と国民のたゆみない努力によって築かれたものであることを忘れず、戦後生まれの人々にもこのことを正しく伝えていくことが大切であ

お声を震わせて

85歳のお誕生日に先立ち、天皇陛下は宮内記者会の代表質問に答えられた。陛下は国民への感謝、美智子さまへのねぎらいなどを述べられる際、涙をこらえるようにお声を震わせられた。その回数は6回。会見場で涙する記者もいた

ると思ってきました。平成が戦争のない時代として終わろうとしていることに、心から安堵《あんど》しています。

また、お心に残ることとして挙げられたのは、平成の御代に戦争がなかった一方で、大きな災害が繰り返し起きたことだった。雲仙《うんぜん》・普賢岳《ふげんだけ》の噴火（平成3年）、北海道南西沖地震と奥尻《おくしり》島津波災害（平成5年）、阪神《はんしん》・淡路《あわじ》大震災（平成7年）、東日本大震災（平成23年）などである。天皇陛下は「**多くの人命が失われ、数知れぬ人々が被害を受けたことに言葉に尽くせぬ悲しみを覚えます**」としながら、こう続けられた。

ただ、その中で、人々の間にボランティア活動を始め様々な助け合いの気持ちが育《はぐく》まれ、防災に対する意識と対応が高まってきたことには勇気付けられます。また、災害が発生した時に規律正しく対応する人々の姿には、いつも心を打たれています。

最後のお誕生日会見。18分49秒のメッセージに込められた思いとは——。

真っ暗な闇のなかにも、懸命に一条の光明を見いだそうとされてこられた天皇陛下。国民を励まし勇気づける。その一つひとつが、象徴天皇としてのお役目であったのだろう。
そして災害についてては、平成31年2月24日に開催された「天皇御陛下在位三十年記念式典」でのお言葉があった。

――私がこれまで果たすべき務めを果たしてこられたのは、その統合の象徴であることに、誇りと喜びを持つことのできるこの国の人々の存在と、過去から今に至る長い年月に、日本人がつくり上げてきた、この国の持つ民度のお陰《かげ》でした。災害の相次いだこの30年を通し、不幸にも被災の地で多くの悲しみに遭遇しながらも、健気《けなげ》に耐え抜いてきた人々、そして被災地の哀《かな》しみを我が事とし、様々な形で寄り添い続けてきた全国の人々の姿は、私の在位中の忘れ難い記憶の一つです。

一国民として頭が下がる思いで拝聴《はいちょう》した。多くの国民の心に残る一節であったと思う。途中、天皇陛下が原稿を取り違えられたときに、美智子さまがすぐにフォローされた（P

即位の礼。祝賀パレードで沿道に手を振られる（平成２年）

落成した東宮御所へ
(昭和 35 年)

結婚 50 年の祝賀行事(平成 21 年)

ご成婚から 60 年の歳月が

昭和 34 年 4 月 10 日、朝見の儀を終え宮内庁（皇居仮宮殿）玄関にて

15下の写真）。そのお姿は、おふたりの二人三脚の60年を象徴していたと思えた。

陛下と美智子さまの長い旅路

天皇として最後のお誕生日記者会見。天皇陛下もいつになく緊張した面持《おもも》ちでおられたように感じられた。お気持ちを込め、用意したお言葉を丁寧に読み上げる陛下だったが、ふたたびお声を詰まらせたのは、美智子さまについて話されたときだった。これらの感きわまるお声に、会見場にいた記者のなかには瞳《ひとみ》を潤ませている人もいたという。

明年4月に結婚60年を迎えます。結婚以来皇后は、常に私と歩みを共にし、私の考えを理解し、私の立場と務めを支えてきてくれました。また、昭和天皇を始め私とつながる人々を大切にし、愛情深く3人の子供を育てました。振り返れば、私は成年皇族として人生の旅を歩み始めて程なく、現在の皇后と出会い、深い信頼の下《もと》、同伴を求め、爾来《じらい》この伴侶と共に、これまでの旅を続けてきました。天皇としての旅を終えようとしている今、私はこれまで、象徴としての私の立場を受け入れ、私を支え続けてくれた多くの国民に衷心《ちゅうしん》より感謝するとともに、自らも国民の一人であった皇后が、私の人生の旅に加わり、60年という長い年月、皇室と国民の双方への献身を、真心を持って果たしてきたことを、心から労《ねぎら》いたく思います。

これまでの会見でも、美智子さまのことをお話しになる天皇陛下のお言葉は、常に深い愛情と感謝の思いに溢《あふ》れていた。民間から初めて皇室に嫁がれた美智子さまが、どれだけのご苦労を重ねてこられたかをもっとも知っておられるのは、天皇陛下をおいて他にないはずである。その思いを万感込めて語られたのである。

こうしたお言葉を、美智子さまはどのように受け止めておいでなのだろうか。平成30年10月20日のお誕生日に、美智子さまは文書により「ご心境」を表わされた。例年のとおり自然災害の被害に言及し、被災者への思いを寄せられたあと、こう続けられた。

約30年にわたる、陛下の「天皇」としてのお仕事への献身も、あと半年程で一つの区切りの時を迎えます。これまで「全身」と「全霊」双方をもって務めに当たっていらっしゃいましたが、加齢と共に徐々に「全身」をもって、という部分が果たせなくなることをお感じになり、政府と国民にそのお気持ちをお伝えになりました。5月からは皇太子が、陛下のこれまでと変わらず、心を込めてお役を果たしていくことを確信しています。

そして、陛下とともに歩まれた60年を振り返られ、おそばにいた美智子さまならではのご感想を、こう綴《つづ》られた。

――24歳の時、想像すら出来なかったこの道に招かれ、大きな不安の中で、ただ陛下の御自身のお立場に対するゆるぎない御覚悟に深く心を打たれ、おそばに上がりました。そして振り返りますとあの御成婚の日以来今日まで、どのような時にもお立場としての義務は最優先であり、私事はそれに次ぐもの、とい

美智子さまの皇室改革

レモンジュースをおつくりになる美智子さま。ご成婚後の新居、東宮御所にキッチンをしつらえられ、料理の腕を振るわれた。そのお料理で3人のお子さまのお弁当をつくられた。皇室に新風を吹き込んだのだ（昭和36年撮影）

うその時に伺ったお言葉のままに、陛下はこの60年に近い年月を過ごしていらっしゃいました。義務を一つ一つ果たしつつ、次第に国と国民への信頼と敬愛を深めていかれる御様子をお近くで感じとると共に、新憲法で定められた「象徴」（皇太子時代は将来の「象徴」）のお立場をいかに生きるかを模索し続ける御姿を見上げつつ過ごした日々を、今深い感慨と共に思い起こしています。

かつてのお住まいで過ごされる平穏な日々

さらにご自身のお立場についても、日々、学ぶことばかりだったと振り返られた。そこには「民間出身のお妃《きさき》から皇后」として、余人が想像すらできないご苦労があったはずである。

皇太子妃、皇后という立場を生きることは、私にとり決して易《やさ》しいことではありませんでした。与えられた義務を果たしつつ、その都度新たに気付かされたことを心にとどめていく――そうした日々を重ねて、60年という歳月が流れたように思います。学生時代よく学長が「経験するだけでは足りない。経験したことに思いをめぐらすように」と云《い》われたことを、幾度となく自分に云い聞かせてまいりました。その間、昭和天皇と香淳《こうじゅん》皇后の御姿からは計り知れぬお教えを賜《たまわ》り、陛下には時に厳しく、しかし限りなく優しく寛容にお導き頂きました。３人の子ども達は、誰も本当に可愛く、育児は眠さとの戦いでしたが、大きな喜びでした。これまで私の成長を助けて下さった全ての方々に深く感謝しております。

両陛下は、天皇陛下のご譲位後はお住まいの皇居・御所を離れて、仮住まいとなる港区高輪《たかなわ》の旧高松宮《たかまつのみや》邸に移られる。その後は、かつて皇太子ご夫妻時代にお住まいだった赤坂御用地内の東宮《とうぐう》御所（仙洞《せんとう》御所となる）に移られることになる。

――かつて30年程住まったあちらの御所には、入り陽《ひ》の見える窓を持つ一室があり、若い頃、よくその窓から夕焼けを見ていました。3人の子ども達も皆この御所で育ち、戻りましたらどんなに懐かしく当時を思い起こす事と思います。

ご公務を離れ、陛下とともに送る平穏な日々に思いを巡らせながら、美智子さまは長年思い温《あたた》めてきたご希望を明かされた。

公務を離れたら何かすることを考えているかとこの頃よく尋ねられるのですが、これまでにいつか読みたいと思って求めたまま、手つかずになっていた本を、これからは1冊ずつ時間をかけ読めるのではないかと楽しみにしています。読み出すとつい夢中になるため、これまで出来るだけ遠ざけていた探偵小説も、もう安心して手許に置けます。ジーヴスも2、3冊待機しています。

一般ではごく当たり前のようなことも、自由にできなかった美智子さまのお暮らしぶり。今後、上皇后さまとなられてからの密かなお楽しみのひとつは、書店に入るのは難しいかもしれないが、お好きな本に囲まれ許されるかぎりの時間を過ごされることだという。ちなみに「ジーヴス」とは、英国の作家、ウッドハウスの小説に登場する主人公の名。若い貴族に降りかかるトラブルを次々に解決するスーパー執事だ。

――また赤坂の広い庭のどこかによい土地を見つけ、マクワウリを作ってみたいと思っています。こちらの御所に移居してすぐ、陛下の御田の近くに１畳にも満たない広さの畠があり、そこにマクワウリが幾つかなっているのを見、大層懐かしく思いました。頂いてもよろしいか陛下に伺うと、大変に真面目なお顔で、これはいけない、神様に差し上げる物だからと仰せで、６月の大祓《おおはらい》の日に用いられることを教えて下さいました。大変な瓜田《かでん》に踏み入るところでした。それ以来、いつかあの懐かしいマクワウリを自分でも作ってみたいと思っていました。

皇太子、天皇としての長いお務めを全うされ、やがて85歳におなりの陛下が、これまでのお疲れをいやされるためにも、これからの日々を赤坂の恵まれた自然の中でお過ごしになれることに、心の安らぎを覚えています。

しばらく離れていた懐かしい御用地が、今どのようになっているか。日本タンポポはどのくらい残っているか、その増減がいつも気になっている日本蜜蜂《みつばち》は無事に生息し続けているか等を見廻《みまわ》り、陛下が関心をお持ちの狸《たぬき》の好きなイヌビワの木なども御一緒に植えながら、残された日々を、静かに心豊かに過ごしていけるよう願っています。

光に満ちたお姿を思う

平成30年に美智子さまが詠まれた御歌のなかに、こんな一首がある。

去れる後《のち》もいかに思はむこの苑《その》に光満ち君の若くませし日

平成となり東宮御所（平成の初めは赤坂御所）から天皇陛下と紀宮《のりのみや》さま（黒田清子《さやこ》さん）

とご一緒に皇居・御所に引っ越しされた美智子さま。

当時、陛下は50代半《なか》ば。おふたりはよく自然豊かな御苑《ぎょえん》のお庭を好んで散策されていた。まだお若かった陛下は、新しい時代の天皇としてご決意を新たに光輝いておられた。皇居を去られた後も、御所でお過ごしになった陛下とのお時間をいつまでも思い起こされることだろう――。

平成31年４月１日、新元号が発表され、４月30日に陛下は退位される。そして、５月１日に皇太子殿下が即位され、新しい御代が始まる。

陛下は、〝そのとき〟をこう迎えようとされている。


そして、来年春に私は譲位し、新しい時代が始まります。多くの関係者がこのための準備に当たってくれていることに感謝しています。

新しい時代において、天皇となる皇太子とそれを支える秋篠宮《あきしののみや》は共に多くの経験を積み重ねてきており、皇室の伝統を引き継ぎながら、日々変わりゆく社会に応じつつ道を歩んでいくことと思います。

（平成30年12月20日、お誕生日会見）

そして、美智子さまもまた、こう思いを明かされている。

陛下の御譲位後は、陛下の御健康をお見守りしつつ、御一緒に穏やかな日々を過ごしていかれればと願っています。そうした中で、これまでと同じく日本や世界の出来事に目を向け、心を寄せ続けていければと思っています。例えば、陛下や私の若い日と重なって始まる拉致《らち》被害者の問題などは、平成の時代の終焉《しゅうえん》と共に急に私どもの脳裏から離れてしまうというものではありません。これからも家族の方たちの気持ちに陰ながら寄り添っていきたいと思います。

これまでと同じように日本や世界の出来事に目を向けられると述べられ、その一例として北朝鮮による日本人拉致被害者のことを挙げられたことは、国民の苦しみに常にお心を痛めておられ、友好を大切と思われながらも、風化させてはいけない出来事へ注意を向けられていることの証左である。

平成の玉音放送が流れた

平成28年8月8日午後3時、国民は画面の陛下を見つめた

多くの自然災害に見舞われた平成の日本。天皇皇后両陛下は何度も被災地に足を運ばれ犠牲となった方たちを悼《いた》み、被災者を励まされてきた。昭和天皇が最後までご訪問かなわず、地上戦、艦砲射撃の傷跡をいまだに抱えて苦しむ沖縄には皇太子ご夫妻時代から合計11回の訪問を果たされた。

政治の隙間からこぼれ落ち、取り残された人たちに向けた両陛下の慈《いつく》しみに満ちた悲しいまでの眼差しをおぼえる。

皇太子さまと秋篠宮さまに次代を託された陛下と美智子さま。天皇陛下は、平成28年8月のビデオメッセージでこう訴えられた。

《象徴天皇の務めが常に途切れることなく、安定的に続いていくことをひとえに念じ……》

同時に、皇室の伝統もまた継承されなければならない。

次世代の天皇陛下と皇后・雅子《まさこ》さまは、私たちにどのようなお姿をお示しになるのだろう。

即位28年目の決断

「もし……」である。

もし、ひとりの人間が、人類史上、誰ひとりとして経験したことのない名称の地位を与えられ、今日からその地位に就《つ》くことを余儀なくされたら……。そして、その務めが終《しゅう》生《せい》、続くものであったとしたら……。その人間は途方に暮れるに違いない。しかも、地位の名称はあるにもかかわらず、求められる「役割」はほんのわずかしか伝えられなかったとしたら……。模範とすべき前例もないとしたら……。人によっては、絶望に近い心境に至るであろう。

昭和22年（１９４７年）に施行された日本国憲法が規定する「象徴」とは、まさにこういう地位なのではあるまいか。

その日本国憲法の第1章第1条には、こう記されている。

《天皇は、日本国の象徴であり日本国民統合の象徴であつて、この地位は、主権の存する日本国民の総意に基く》

さらに、こう続く。「象徴」としての天皇の「役割」と「制限」についての規定である。

《天皇は、この憲法の定める国事に関する行為のみを行《おこな》ひ、国政に関する権能を有しない》（第4条　天皇の権能の限界）

この憲法が施行されたときから、やがてはそのお立場を継《つ》ぐことになる当時皇太子であった天皇陛下は、昭和天皇のなさりようをご覧になりながら、誰からも答えが得られない「象徴とは何か」という問いに向かい合ってこられた。そして、「象徴」として果たすべき役割を模索しつづけられ、それを実行してこられたのである。

そのなさりようは、まさに全身全霊を傾《かたむ》けてのものであり、そのお姿を多くの国民は敬意をもって見つめてきた。

だが、ご即位から28年。御年《おんとし》82歳（平成28年8月現在）になられた天皇陛下は、ひとつの大きな決断をなされるに至ったのである。

戦後70年という大きな節目を過ぎ、2年後には、平成30年を迎えます。

私も80を越え、体力の面などから様々な制約を覚えることもあり、ここ数年、天皇としての自らの歩みを振り返るとともに、この先の自分の在《あ》り方や務めにつき、思いを致すようになりました。
本日は、社会の高齢化が進む中、天皇もまた高齢となった場合、どのような在り方が望ましいか、天皇という立場上、現行の皇室制度に具体的に触れることは控えながら、私が個人として、これまでに考えて来たことを話したいと思います――

東京の気温が連日、30度を大きく超える真夏日が続いていた平成28年（２０１６年）８月８日の午後３時すぎ、テレビから流れる天皇陛下のビデオメッセージに、多くの国民が神妙な面持ちで耳を傾けていた。
メッセージには次のようなタイトルがつけられていた。
《象徴としてのお務めについての天皇陛下のおことば》
折々の会見に臨《のぞ》まれるときのように落ちつかれたご様子で、淡々とお言葉を継がれる天皇陛下。しかし、その「お言葉」を国民の誰もが、言いようのない驚きをもって聞いたのである。

――何年か前のことになりますが、2度の外科手術を受け、加えて高齢による体力の低下を覚えるようになった頃から、これから先、従来のように重い務めを果たすことが困難になった場合、どのように身を処《しょ》していくことが、国にとり、国民にとり、また、私のあとを歩む皇族にとり良いことであるかにつき、考えるようになりました。既《すで》に80を越え、幸いに健康であるとは申せ、次第に進む身体の衰えを考慮する時、これまでのように、全身全霊をもって象徴の務めを果たしていくことが、難しくなるのではないかと案じています。

陛下は、ご高齢になり、自《みずか》らのご健康を考慮されると今後、天皇としてのお務めをこれまでのように全身全霊で果たせなくなるのではないかということを、懸念されていたのだ。

また、即位され、平成となってほぼ28年間、国民とともに喜び、悲しみの時を過ごしてきたと振り返られたうえで、天皇としてのもっとも大切な務めは、何よりもまず「**国民の安寧《あんねい》と幸せを祈ること**」だと陛下は述べられた。

そして、こう続けられた。

天皇が健康を損《そこ》ない、深刻な状態に立ち至った場合、これまでにも見られたように、社会が停滞し、国民の暮らしにも様々な影響が及ぶことが懸念されます。（中略）こうした事態を避けることは出来ないものだろうかとの思いが、胸に去来することもあります。

淡々とメッセージを読み継がれる天皇陛下のご表情に変化は見られなかったものの、その内容は、陛下の胸のうちの苦衷《くちゅう》を十分に察して余りあるものだった。

「退位」というお言葉こそお使いにはならなかったが、やがて近い将来、天皇の位《くらい》を皇太子殿下にお譲りする「譲位」の意向を滲ませ、国民に理解を求められたのである。

翌日の新聞各紙に「生前退位」の見出しが躍《おど》ったのはいうまでもない。しかし、天皇陛下のお気持ちに、最初に驚きを覚えられたのは皇后である美智子さまだった。

美智子さまはその約２カ月後の10月20日、お誕生日に際してのご感想のなかで、文書でこう述べられた。

8月に陛下の御放送があり、現在のお気持ちのにじむ内容のお話が伝えられました。私は以前より、皇室の重大な決断が行われる場合、これに関わられるのは皇位の継承に連《つら》なる方々であり、その配偶者や親族であってはならないとの思いをずっと持ち続けておりましたので、皇太子や秋篠宮ともよく御相談の上でなされたこの度《たび》の陛下の御表明も、謹《つつし》んでこれを承《うけたまわ》りました。ただ、新聞の一面に「生前退位」という大きな活字を見た時の衝撃は大きなものでした。それまで私は、歴史の書物の中でもこうした表現に接したことが一度もなかったので、一瞬驚きと共に痛みを覚えたのかもしれません。私の感じ過ぎであったかもしれません。

じつは陛下が「退位」のご意向を周囲に示していらしたのは、お言葉を述べられる5〜6年ほど前からだったという。

以来、天皇陛下は「象徴の務めを果たせるものが天皇の位にあるべきで、十分に務めが果たせなくなれば譲位すべきだ」というお考えを一貫して示されてきたのだ。

精神力のお強い陛下だけに、「全身全霊」とのお言葉から、どれほど強くご自身を律し

最後の3大行幸啓（平成30年）

全国植樹祭（6月、南相馬市）

全国豊かな海づくり大会
（10月、土佐市）

国民体育大会（9月、福井市）

て来られたかを窺《うかが》い知ることができる。

天皇陛下が、これまでいかに全身全霊を傾けながら、象徴としての務めを果たしてこられたことかを如実《にょじつ》に物語るエピソードがある。

元最高裁判事の藤田宙靖《ふじたときやす》氏が朝日新聞の「退位のルール」と題したインタビュー記事で語っている。藤田氏は最高裁判事時代に、長官代行として宮中の行事に出席し、天皇陛下や皇族方とたびたび会う機会のあった人物である。

藤田氏はそのインタビューのなかで、公務に臨まれる際の天皇陛下の想像を絶するような真摯《しんし》さ、厳格さに驚愕したことを明かしている。

《直接お目にかかるようになって、天皇の公務とはこういうものなのかと初めて知りました。「高裁長官のお話と午餐《ごさん》」の会に同席した際は、天皇陛下が前もって準備され、鋭い質問をされることに驚きました。すべての会合に同じように対応しておられると聞き、公務に誠心誠意臨んでおられることがよくわかりました》（朝日新聞　2017年1月18日付）

さらに、最高裁判事を退任する際に、天皇陛下の元に挨拶に赴いたときのエピソードを紹介しながら、こう続ける。

《退官後何をするかについてご質問がありましたので、「どこにも勤めず、やりたいこと

をやろうと思います」とお話ししたところ――》

そのとき、陛下はこうおっしゃったのだという。

――あなたのような人がそれではいけないのではないですか。

藤田氏は、この陛下のお言葉に恐縮した。

《**ご自身の一存では辞められない、天皇という地位の厳しさを垣間見《かいま》たような気がいたします**》（同前）

直接の面談の機会をたびたび得た人物の述懐だけに、陛下の象徴天皇としての敬《けい》すべきお覚悟となさりよう、そしてそのお人柄が伝わってくる。

日々のお務めと陛下の「お覚悟」

悲惨な戦争の終結から71度目の夏。あの日、テレビから流れた10分58秒のビデオメッセージは、まさに「平成の玉音《ぎよくおん》放送」だった。

お言葉のなかで何度も示された「象徴天皇としての務め」とは、具体的にどのようなものなのか。天皇陛下は、メッセージのなかでこう述べられている。

> 私はこれまで天皇の務めとして、何よりもまず国民の安寧と幸せを祈ることを大切に考えて来ましたが、同時に事にあたっては、時として人々の傍《かたわ》らに立ち、その声に耳を傾け、思いに寄り添うことも大切なことと考えて来ました。天皇が象徴であると共《とも》に、国民統合の象徴としての役割を果たすためには、天皇が国民に、天皇という象徴の立場への理解を求めると共に、天皇もまた、自らのありように深く心し、国民に対する理解を深め、常に国民と共にある自覚を自らの内に育てる必要を感じて来ました。こうした意味において、日本の各地、とりわけ遠隔の地や島々への旅も、私は天皇の象徴的行為として、大切なものと感じて来ました。

陛下は「何よりもまず国民の安寧と幸せを祈ること」を大切にされつつ、「時として人々の傍らに立ち、その声に耳を傾け、思いに寄り添うことも大切なこと」と述べられて

署名、押印というご執務

昭和64年1月7日、元号を平成に改める政令の書類に署名される天皇陛下。この翌日、1月8日から平成が始まった

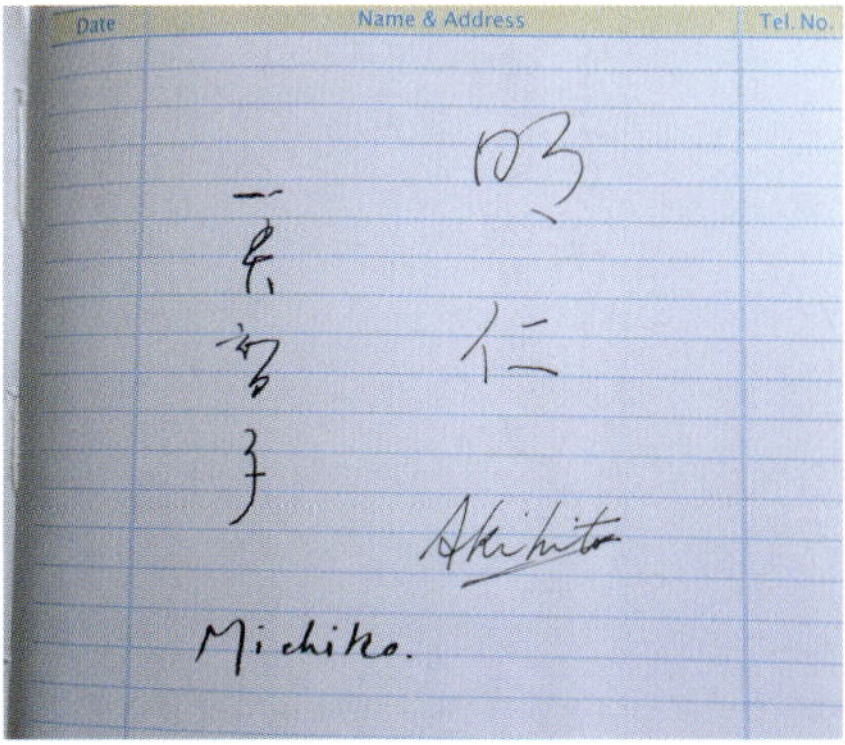

インドを訪問された両陛下がガンジー廟で記帳された署名

いる。まさに「国民と共にある」ということである。

天皇皇后両陛下の「3大行幸啓《ぎょうこうけい》」といわれるのが、毎年行なわれる全国植樹祭、国民体育大会、全国豊かな海づくり大会へのご出席のための地方ご公務だ（P43の写真）。両陛下は即位されてから15年で47都道府県をすべてお訪ねになった。

その精力的な行動の背景には、皇太子時代からお持ちだった「地方との触れ合い」についての強いこだわりがあるようだ。昭和55年（1980年）の夏、ご静養先の軽井沢《かるいざわ》での定例会見で、次のように述べられている。

地方というものは非常に大事だと思いますね。中央だけでなくて、地方全体がそれぞれの立場で生きていく。それが日本として大事だと思います。

地方ご公務では、これらの大きな行事へのご出席のほか、被災地や戦争関連の施設などへのご訪問が思い浮かぶ。とりわけ、東日本大震災後の被災地へのご訪問は、悲惨な記憶を風化させないため、毎年のように被災地を訪れ死者の冥福《めいふく》を祈られ、いまなお苦しんでいる人々を励まされてきた。もちろん阪神・淡路大震災やその他の被災地へお心を寄せておられることは、いまも変わらない。

弱い立場の人々や悲しみに沈んだ人々の声に耳を傾けられる。その強いご意志がおありになるから、「日本の各地、とりわけ遠隔の地や島々への旅」も厭《いと》わずにお出かけになるのだ。

これらの天皇としての公的な活動のほかに、天皇陛下には国事行為という大切なお務めがある。内閣の助言と承認によって、国民のために憲法の定める国事に関する行為を行なうことをいう。憲法第６条と７条が定めているものだ。

国事行為として、宮殿ではいくつもの儀式が行なわれる。内閣総理大臣や最高裁判所長官の親任《しんにん》式や外国特命全権大使の信任状奉呈《ほうてい》式、勲章の親授《しんじゅ》式、新年祝賀の儀などがそうだ。

また国際親善を目的として、国賓《こくひん》が来日した時の宮中晩餐《ばんさん》会や、外国要人、在京外国大使などとのご引見《いんけん》、午餐《ごさん》なども行なわれる。平成29年中に陛下がお会いになった外国からの賓客は、王族、大統領などの元首、首相、議会議長など26人。

こうして宮殿や御所において、両陛下が主催されたさまざまな行事は、平成29年は約２００件だった。これらは、国際親善や社会のさまざまな分野で地道な努力を続けている人たちを励まし、その顕著《けんちょ》な功績を労《ねぎら》うことを目的としたものだ。

そして私たちの目に触れることのないご公務に「ご執務」がある。宮内庁のホームページには以下のように記されている。

《天皇陛下は、内閣の助言と承認により、国民のために、憲法の定める国事に関する行為を行われます。その中には、国会の指名に基づいて内閣総理大臣を任命すること、内閣の指名に基づいて最高裁判所長官を任命すること、国務大臣その他の官吏の任免を認証すること、国会を召集すること、法律や条約を公布すること、栄典を授与すること、大使の信任状を認証すること、外国の大公使を接受することなどが含まれています。これらの事項についての閣議決定の書類は、毎回、閣議の後に陛下のお手元に届けられ、陛下は、これを丁寧《ていねい》にご覧になった上で、ご署名やご押印をなさいます》

この説明にあるように、平成20年までに天皇陛下が署名され押印された内閣上奏書類などの件数は、２万２３７７件となっている。平成29年も年間約９６０件。陛下は、夜遅くまで執務室にこもられることもあるという。

また春と秋の園遊会や、皇居を清掃する勤労奉仕団へのご会釈《えしゃく》（平成28年は51回）を含めると、毎年、相当な数の人々とお会いになることになる。

日々、これだけのご公務をこなされながら、その他多くの「お出まし」がある。東京都内でのお出ましは、毎年のものだけでも全国戦没者追悼式、日本学士院賞授賞式、日本国際賞授賞式、国際生物学賞授賞式など数多い。このほかにも展覧会や観劇、コンサートなどへの公的、私的なお出かけもある。

これらに加えて、宮中祭祀《さいし》や稲作、ご研究などもなさっている。

こうした天皇陛下のお務めはテレビや新聞、雑誌、インターネットなどで報じられるが、多くの国民は強い関心を寄せることはないのではないだろうか。

日々のお務めを、たゆまず果たされる陛下のお気持ちの根底にあるものとは何か。

憲法に定められた天皇の在り方を念頭に置き、天皇の務めを果たしていきたいと思っております。国民の幸福を念じられた昭和天皇を始めとする古くからの天皇のことに思いを致すとともに、現代にふさわしい皇室の在り方を求めていきたいと思っております。

これは平成元年（１９８９年）８月４日、即位に際しての記者会見で述べられたお言葉である。そこに込められていたのは、「象徴天皇」としての強いお覚悟ではなかったろうか。また平成21年、美智子さまが天皇陛下の即位の日を回想されながら詠まれた御歌に、その際の美智子さまの思いを読み取ることができるのではないだろうか。

人びとに見守られつつ御列《おんれつ》の君は光の中にいましき

法律的には「国民」ではない皇族

では、いったい天皇陛下とは、私たち国民にとってどのような存在なのか。

陛下は折々の会見や文書のなかで「象徴天皇として——」というお言葉をよく使われる。

日本国憲法で、天皇は日本国の象徴であり日本国民統合の象徴であると規定されています。この規定と、国民の幸せを常に願っていた天皇の歴史に思いを致し、国と国民のために尽くすことが天皇の務めであると思っています。天皇の活動の在り方は、時代とともに急激に変わるものではありませんが、時代とともに変わっていく部分もあることは事実です。私は、昭和天皇のお気持ちを引き継ぎ、国と社会の要請、国民の期待にこたえ、国民と心を共にするよう努めつつ、天皇の務めを果たしていきたいと考えています。

（平成10年［１９９８年］、誕生日に際しての記者会見）

ご即位から10年目の節目の年、65歳のお誕生日に際して行なわれた会見でのお言葉である。

古くは国家を掌握する絶大な権力を持っていた時代もあったが、武家政権が誕生して以来、皇室は絶対的権力者として存在することはなかった。しかし、明治維新以降、大日本帝国憲法下では、先の大戦が終わるまで「現人神《あらひとがみ》」といわれ神格化される存在だった。

そして、戦後に制定された日本国憲法では、天皇の位置づけも大きく変わる。

前述したように「天皇は、日本国の象徴であり日本国民統合の象徴」であり「国事行為のみを行い、国政に関する機能を有しない」存在なのである。

国の政治に関わる権利を持たず、天皇が行なうのは憲法の定めるところの国事行為だけとなった。天皇陛下が政治的発言をされることはなく、同時に、政治が天皇を利用することがあってはならないとも厳しく禁じているのである。

また、天皇陛下をはじめ皇族方は日本人ではあるが「日本国民」ではないとされている。したがって、憲法で保障されている国民としての権利も持っていない。

たとえば、日本国民なら18歳になれば与えられる選挙権も、25歳以上なら選挙に立候補できる被選挙権も、天皇陛下や皇族の方々には与えられていない。職業選択の自由もなければ、苗字《みようじ》もお持ちでない。

「生前退位」のお気持ち表明の際にも話題になったが、天皇陛下は自由にご発言などをされることはできないのだ。たとえば外国の王族や大統領、首相が来日したとき、ご懇談や晩餐会などでお言葉を述べられるが、政治的な意味合いを含んだお言葉があってはならないと、神経を使われていた。

過去の歴史、とりわけ先の大戦などに触れる場合でも、踏み込んだご発言はなさらず、両国の親善に有意義なものとなるよう関係者と話し合い、推敲を重ねられたうえで原稿を用意される。

象徴の立場が、いかにデリケートかつ厳格なものであるかを物語るシーンがあった。

平成13年（2001年）12月23日のお誕生日を前にした記者会見でのことである。その翌14年（2002年）には日韓共同開催によるサッカーのワールドカップ大会が控えており、会見ではその韓国について記者からこんな質問がなされた。

《歴史的、地理的にも近い国である韓国に対し、陛下が持っておられる関心、思いなどをお聞かせください》

ワールドカップという世界中が注目するイベントを前にした時期であっただけに、その質問がなされたとき、あらかじめ用意されていた質問ではあっても、会見場の空気が一瞬、緊張の色を増した。

天皇陛下は次のようにお答えになった。

　日本と韓国との人々の間には、古くから深い交流があったことは、日本書紀などに詳しく記されています。韓国から移住した人々や、招へいされた人々によって、様々な文化や技術が伝えられました。宮内庁楽部の楽師の中には、当時の移住者の子孫で、代々楽師を務め、今も折々に雅楽《ががく》を演奏している人があります。こうした文化や技術が、日本の人々の熱意と韓国の人々の友好的態度によって日本にもたらされたことは、幸いなことだったと思います。日本のその後の発展に、大きく寄与したことと思っています。

私自身としては、桓武《かんむ》天皇の生母が百済《くだら》の武寧王《ぶねいおう》の子孫であると、続日本紀《しょくにほんぎ》に記されていることに、韓国とのゆかりを感じています。武寧王は日本との関係が深く、この時以来、日本に五経博士《ごきょうはかせ》が代々招へいされるようになりました。また、武寧王の子、聖明王《せいめいおう》は、日本に仏教を伝えたことで知られております。

しかし、残念なことに、韓国との交流は、このような交流ばかりではありませんでした。このことを、私どもは忘れてはならないと思います。

この陛下のご発言が翌日の新聞に報じられると、これを受けて韓国の主要な新聞各紙はこぞって「日本の皇室と韓国の血縁を天皇自らが初めて認めた」と、大々的に報じた。また、当時の金大中《キムデジュン》大統領は陛下のご発言を「歴史に対する正しい認識を表明された」と評価し、韓国の国民にも好意的に受け止められたという。

それは象徴としての天皇陛下の、韓国に対する深いご理解の表われであり、友好と親善への強い思いが滲み出たお言葉だった。

「公務の軽減をするつもりはありません」

平成10年、お誕生日を前にしての記者会見で、「象徴天皇」としてのお覚悟を述べられた天皇陛下に、記者が質問をした。

年々、両陛下のご公務の日程が過密になっているので、「皇太子ご夫妻にご公務の一部をお譲りになっては」とか「もう少しご公務のご負担を軽減されては」というものだった。

この年のお誕生日で、陛下は65歳。このときの陛下のお答えは次のようなものだった。


公務が近年非常に多くなっているということは事実です。しかし、それぞれ

重要な公的な行事と思いますので、宮内庁の方に「現在と変えるように」というふうに言うつもりはありません。

天皇陛下の取材を続けていると、関係者からときどき、陛下のお人柄を耳にすることがある。そんなとき誰もが口にするのは「生真面目《きまじめ》」という言葉である。

そして、どうやらそのご性格は、皇太子時代からまったくお変わりになっていないようだ。

平成19年（2007年）5月14日、同月21日から10日間のご予定でスウェーデン、エストニア、ラトビア、リトアニアの5カ国を巡る前の記者会見でのお言葉がある。会見では、皇太子・皇太子妃時代から多くの外国をご訪問されている天皇皇后両陛下が、ご訪問の経緯について振り返られていた。

昭和50年の昭和天皇、香淳《こうじゅん》皇后の米国ご訪問以降は、ご高齢の関係で、再び私が名代《みょうだい》として皇太子妃と共に外国を訪問するようになりました。その後国際

父君に代わられての渡英

昭和天皇の名代としてエリザベス女王（エリザベス二世）の戴冠式に参列のため、ロンドンの日本大使館を出発される（昭和28年）

間の交流が盛んになるにつれ、国賓の数も増え、極力答礼に努めたものの、そのすべてに答礼を果たすことが不可能な状態の中で昭和の終わりを迎えました。

ご高齢になられた昭和天皇の名代としての外国訪問。そのときのお気持ちを当時の陛下は、こう述べられている。

天皇の名代ということは、相手国にそれに準ずる接遇を求めることになり、私には相手国に礼を欠くように思われ、心の重いことでした。

さらに、名代としてのご訪問自体についても、こう述べられた。

私どもの外国訪問を振り返ってみますと（中略）名代という立場が各国から受け入れられるように、自分自身を厳しく律してきたつもりで、このような理由から、私どもが私的に外国を訪問したことは一度もありません。

外国からの賓客が来日した場合、それが大統領や元首クラスの国賓、そして皇太子、首相などの公賓のお客様なら、それをお迎えするのは天皇の務めとなる。さらに昭和までは国賓への答礼として相手国を訪問される場合も、天皇がお出かけになるのが礼儀と考えられていた。そのため、皇太子時代に昭和天皇のご名代として外国ご訪問を繰り返されていた天皇陛下は「天皇の名代は非礼にあたるのではないか」とのお気持ちを持たれていたのである。

一般に置き換えると、取引相手の社長が訪ねてきたとき、応対に出るのが専務クラスでは非礼にあたるのではないかということである。また、こちらが社長の代理として相手先を訪ねたとき、代理であるにもかかわらず相手は社長待遇で迎えてくれる。迎えられる側としては、肩身の狭い思いをすることになる。だからこそ、失礼のないように厳しく自分を律しなければならない――たとえれば、そのような感じであろうか。

昭和28年（1953年）6月、学習院大学の学生で19歳の皇太子だった天皇陛下は、昭和天皇のご名代として、イギリスのエリザベス女王の戴冠《たいかん》式に出席されることになった。この年の1月、昭和天皇の弟君・秩父宮雍仁《ちちぶのみややすひと》殿下が薨去《こうきょ》されたため遣《つか》わされたのだ。

当時は終戦から間もなく、イギリス国民の多くにとっては、日本は敵国というイメージが強く残っていた。当然、その国のプリンスに好意的であるはずもなかった。そのうえ、英国女王の戴冠式に来たのは日本国の天皇ではなく、名代の皇太子である。現地メディアは連日、日本側の対応は「失礼ではないか」という論調一色であった。

このときの苦《にが》い経験が、お若かった天皇陛下のお心に深く刻まれたのではないだろうか。いかなる場においても、摂政《せっしょう》も含め名代や代行では「象徴天皇の役割は果たしえない」と……。

こうしたお気持ちから、ご公務を軽減なさることなど、露《つゆ》ほどもお思いにはならなかったのだろう。〝行動あってこその象徴〟――天皇陛下はそう考えつづけてこられたのだ。

伝統を守るための「老い」との闘い

平成22年（2010年）12月、陛下は77歳、喜寿《きじゅ》を迎えられた。その記者会見でのことである。

《天皇陛下は喜寿のお誕生日を迎えられました。今年、陛下は2月にノロウィルスによる急性腸炎、6月には風邪で一時体調を崩されました。皇后さまはお誕生日の文書回答の中

「帝王学」を学ぶ

御所のベランダでご一緒に新聞に目を落とされる昭和天皇と陛下。昭和天皇48歳、陛下は16歳のお誕生日を翌月に控えたころに撮影されたという記録が残る

で「加齢によるものらしい現象もよくあり、自分でもおかしがったり、少し心細がったりしています」と心情をつづられていますが、陛下はご自身の加齢や、今後お年を重ねられる中でのご公務のあり方について、どのようにお考えでしょうか》

記者からの質問に陛下はお答えになった。

一昨年《おととし》の秋から不整脈などによる体の変調があり、幾《いく》つかの日程を取り消したり、延期したりしました。これを機に公務などの負担軽減を図ることになりました。今のところこれ以上大きな負担軽減をするつもりはありません。(中略)

加齢のことですが、耳がやや遠くなり、周囲の人には私に話をするときには少し大きな声で話してくれるように頼んでいます。テレビのニュースなどで、アナウンサーの話していることは分かるのですが、他の人の会話はかなり字幕に頼ります。アナウンサーがこんなに分かりやすく話してくれているのかということを、以前は考えたこともありませんでした。(中略)

加齢による症状には、年齢の若い人にはなかなか想像のしにくいことがたくさんあるのではないかと思います。高齢化が進む今日の社会において、高齢者への理解がますます進み、高齢者へ十分配慮した建物や町が整備されていくことを切に願っています。

高齢化の進む社会にお気持ちを向けつつ、ご自分の加齢についても言及された天皇陛下。それでもなお、ご公務については強い意欲を持たれていた。

この陛下の強いご意志の源《みなもと》にはいったい何があるのだろうか。

昭和天皇の崩御《ほうぎょ》にともない即位され、「象徴天皇」としてのお覚悟を述べられた平成元年8月のお言葉にそのヒントがある。陛下は**「国民の幸福を念じられた昭和天皇を始めとする古くからの天皇のことに思いを致すとともに、現代にふさわしい皇室の在り方を求めていきたいと思っております」**と、おっしゃった（前掲P51参照）。

昭和天皇のお背中を見て天皇陛下はお育ちになった。先代の天皇のなさりようを、おそばにあってご覧になり、お感じになること。それが将来の天皇となるための「帝王学」の基本なのである。

歴代の天皇のご事績、つまり行なったことを学ばれ、伝統を重んじつつ踏襲《とうしゅう》する。そして、次の世代に引き継ぐ――。
それが皇室の歴史なのである。
天皇陛下は、自らのお立場を「象徴」と規定している日本国憲法について、記者の質問に答える形で述べられたことがある。昭和62年9月の皇太子時代のことだ。

日本国憲法は、天皇を国家および日本国民統合の象徴であると規定しています。したがって、天皇は憲法の規定する国事行為以外にも国家の象徴として行う行為があるわけです。天皇が国家の象徴として行う行為は政府と国民が国家の象徴としてふさわしいと考えたものということになります。

さらに皇室が果たすべき役割について、ヨーロッパの王室と比較しながらこう続けられた。

皇室がもっとオープンで国民に近い存在であるべきだというご意見に関して

戦後 70 年の追悼式で

平成 27 年の全国戦没者追悼式。天皇陛下は式次第をお間違えに

式辞を述べた安倍晋三首相を見送る両陛下

は、皇室は国民から離れてはならないというのは自然な考えです。

現実に皇室が取るべき道としては、国民の意志というものに敬意を払う一方で、国民との距離が離れていないかをよく考えるべきだと思います。

平成23年（2011年）3月、未曾有《みぞう》の被害をもたらした東北地方太平洋沖地震（東日本大震災）。その後、東京でも実施された計画停電。このとき天皇陛下がお住まいの皇居・御所がある千代田区は計画停電の地域に入っていなかったが、天皇皇后両陛下は御所の電気を一定時間使わない「自主停電」を断行された。

周囲が「お寒いから」と暖房をつけるのを勧《すす》めても「寒いのは（服を）着れば大丈夫」と暖房は使わず、ろうそくや懐中電灯のなかで夕食をとられた。

「国民と苦楽をともに」を自ら実践しておられたのである。

天皇陛下は東日本大震災から5年の追悼式で「国民が心を一つにして寄り添っていくことが大切」とお述べになった。お年を召されてなお、そのお気持ちをずっと持ちつづけていらっしゃるのだ。

お誕生日会見での「異変」

この1年を振り返ると、様々な面で先の戦争を考えて過ごした1年だったように思います。年々、戦争を知らない世代が増加していきますが、先の戦争のことを十分に知り、考えを深めていくことが日本の将来にとってきわめて大切なことと思います。

私はこの誕生日で82になります。年齢というものを感じることも多くなり、行事の時に間違えることもありました。したがって、一つ一つの行事に注意深く臨むことによって、少しでもそのようなことがないようにしていくつもりです。

（天皇誕生日に際しての記者会見。平成27年12月18日）

平成27年（2015年）は終戦から70年の節目の年であった。

その年の8月15日。毎年、天皇皇后両陛下が臨席され、東京・日本武道館で行なわれる全国戦没者追悼式（P67の写真）でのことだった。

両陛下が登壇され、国歌斉唱、内閣総理大臣式辞と続き、正午の時報を合図に全参列者が正面の慰霊碑に向かって黙禱《もくとう》を捧《ささ》げることになっていた。慰霊碑の前には両陛下。

ところがこのとき、天皇陛下はおもむろに礼服の内ポケットから紙を取り出され、お言葉を読み上げようとされたのだ。その直後、場内アナウンスがあり黙禱の時間となると、陛下はなにごともなかったように紙をまたポケットに戻し拝礼された。

このとき、陛下は明らかに式次第を間違われたのである。

一般の人たちにはちょっとしたハプニングにしか見えなかっただろうが、長年、天皇陛下のなさりようを拝見してきた関係者には、この陛下のご様子は非常に重い意味があることを感じたはずである。

また、この平成27年のお誕生日の会見で、陛下は「**年齢というものを感じることも多くなり、行事のときに間違えることもありました**」と述べられたのだが、この会見のときも、陛下の「異変」が感じられた。

会見は通常、あらかじめ宮内記者会から提出されていた質問に陛下がお答えになるという形で進行する。その会見に向けて陛下は、いつも自分のお言葉でお話しになるよう心がけておられる。そのために数日前から時間をかけ、何度も推敲を重ねられた原稿を用意されるのである。

陛下は記者たちに向かわれ、お言葉を読み始められた。この年の自然災害や戦後70年に言及された後、以下のように続けられた。

この戦争においては、軍人以外の人々も含め、誠に多くの人命が失われました。

そして、次のお言葉を読まれようと紙に目を落とされる。このとき記者たちは、次のお言葉までの陛下の沈黙の長さが、明らかに普段と違うことに気づいたのだった。

……平和であったならば、社会の様々な分野で有意義な人生を送ったであろう人々が命を失ったわけであり（後略）。

「人命が失われました」から「平和であったならば」まで、沈黙の時間はおよそ15秒だった。たしかにお言葉のなかでも強いお気持ちが込められた行《くだり》ではあったが、以前に比べ、お言葉に詰まることも多くなられている。

高齢になり「老い」を感じない人はいないだろう。天皇陛下とて同じである。この会見で自らの「老い」に言及された胸中は、いかばかりであったろうか。

だが、ご高齢によるお体へのご負担という問題は天皇陛下だけに迫っているわけではないことを国民は知るべきだろう。美智子さまもまたご高齢でいらっしゃることは事実なのだ。宮内庁の「この1年のご動静」には、美智子さまのご奮闘ぶりが紹介されている。

《皇后さまには、本日、満84歳のお誕生日をお迎えになりました。

長年にわたる頸椎症性神経根症によるお痛みに加え、今年初め頃から、時におみ脚に痛みを感じるようになられ、また、10月2日より、喉《のど》のお痛みや微熱を伴う風邪のご症状が見られ、その後も2週間以上にわたってお咳《せき》が続くなど、ご体調は必ずしも万全とは言えないご様子でした。しかし、来年4月末のご譲位まで全てのお務めを全《まっと》うするお考えの陛下のお側《そば》で、常に陛下のご健康を注意深くお見守りになりながら、皇后さまとしてもまた最後となるお務めを心を尽くして果たして来られ、その件数は330件を数えました。

また、公務の数には含めていませんが、皇居勤労奉仕団や宮中祭祀に奉仕した賢所《かしこどころ》奉仕団約11,500人と70回にわたりお会いになり、その労をねぎらわれました》（平成30年

10月20日）

国民と国家の安寧を祈る「宮中祭祀」

天皇陛下のお務めは先にも記したように、総理大臣の任命や法律の公布など憲法に定められた「国事行為」と、全国各地への行幸など象徴としての「公的行為」が一般的に知られている。しかしこの他に「その他の行為」といわれるものがある。そして、このなかに「宮中祭祀」がある。その目的は国家と国民の安寧と平和を祈り、神恩《しんおん》を感謝し祖先の霊を慰《なぐさ》めるというものだ。

宮中祭祀がどのようなものであるかは、一般にはあまり知られていない。だが、日本の皇室は宮中祭祀を大切に受け継いできた。その祭祀を執《と》り行なうのが天皇陛下のお務めのひとつなのだ。

祭祀は主に「宮中三殿」と呼ばれる賢所《かしこどころ》、皇霊殿《こうれいでん》、神殿で行なわれ、「大祭」と「小祭」などに大別される。「大祭」とは、天皇陛下自らが祭典を行なわれ、御告文《おつげぶみ》を奏上されるものであり、「小祭」は、掌典《しょうてん》長（皇室の祭祀を司《つかさど》る部門の長）が祭典を行なって、天皇陛下は拝礼される。

このほか「旬祭《しゅんさい》」といって毎月1日、11日、21日に掌典長が祭典を行ない、原則として1日には天皇陛下がご拝礼になる祭典がある。これらのことを陛下はこれまで「全身全霊」で務めてこられたのだ。いかに陛下の日常がお忙しいかがわかろうというものである。主な祭祀は年間で20を超える。

また、天皇陛下ご自身が行なわれる「稲作」も、宮中祭祀とつながりが深いものと考えていい。皇居の生物学御研究所の隣に330平方メートルの水田があり、この水田で陛下は毎年、稲作をされているのだ。春には種もみをまき、初夏には田植え、秋には稲刈りをする。この皇居内の稲作は、明治天皇が赤坂《あかさか》御用地内に初めて水田を作らせて耕《たがや》されたのが始まりといわれている。その後、昭和天皇が、農民と同じ労苦と喜びを、身をもって体験したいとお考えになり、そして稲作を通じて品種の研究をされる目的もあって続けられた。

稲作は現在も天皇陛下が引き継がれている。田植えの時期になるとお孫さまたち——愛《あい》子《こ》さまや、眞子《まこ》さま、佳子《かこ》さま、悠仁《ひさひと》さまがお手伝いされることもあり、その微笑《ほほえ》ましいご様子が紹介されたこともある。

皇居内でされていること

宮中三殿。
奥から神殿、賢所、皇霊殿。
手前の黒い屋根は神楽舎

皇居内の水田で初のお田植えをされる天皇陛下（平成元年）

収穫された稲は、伊勢神宮の神嘗祭《かんなめさい》、宮中祭祀で最も重要な11月の新嘗祭で神殿に供えられる。収穫された稲穂の残りは精米され、陛下もお召し上がりになる。

葬儀への「お気持ち」

《天皇皇后両陛下の御意向を踏まえ、宮内庁は、昨年4月、今後の御陵《ごりよう》及び御喪儀のあり方について検討を行う旨、発表したところであるが、ここに検討の概要を公表するに至った。

日本国及び日本国民統合の象徴であられる天皇陛下、そして、その御配偶であられる皇后陛下の御陵及び御喪儀のあり方を検討申し上げることは、誠に畏《おそ》れ多く、また、重い課題であった》

平成25年（2013年）11月、宮内庁は、天皇皇后両陛下のご葬儀について従来の土葬を見直し火葬にすると発表した（宮内庁「今後の御陵及び御喪儀のあり方について」）。

前年から、天皇陛下の「できるだけ簡素なものを」というご意向を受けて検討されてきたものだというが、天皇陛下が自らの〝終活〟ともいえることを考えられていたことは、当初は世間に驚きをもって受け止められた。

「検討に至る経緯」について、宮内庁はこう発表した。

《天皇皇后両陛下には、ご即位以来、国と社会の要請や人々の期待におこたえになり、象徴として、あるいはそのご配偶として心を込めてお務めをお果たしになっていらしたが、いつとはなしに、将来のお代替わりのことについて思いを懐《いだ》かれるようになり、また武蔵《むさし》陵墓地の御陵をご参拝の機会にも、今後の御陵のあり方について思いを致され、かなり早くから、お二方の間で御陵及び御喪儀のことについてお話し合いになると共に、このようなことは、御自身方のお気持ちだけで決められることではないからと、折に触れ長官や参与の意見にも耳を傾けていらっしゃった》（宮内庁「今後の御陵及び御喪儀のあり方についての天皇皇后両陛下のお気持ち」）

平成28年8月の「生前退位」のお気持ち表明の4年前から、天皇陛下はご自身の将来をお考えになられていたのである。

この陛下のお考えの根底には、常に「国民の安寧と幸せを祈る」という象徴天皇としてのご自覚が強く反映されていたのではないだろうか。

そして天皇陛下は、ご自身や美智子さまが崩御されたときの埋葬方法についてまで言及されたのである。

両陛下のご意向は、旧来の土葬から火葬にて行なうとされ、また、お2人の陵を縮小されることが検討された。さらに陛下は、当初、美智子さまとの合葬を希望されていたが、これは美智子さまが陛下のお気持ちを受け止めながらも「あまりに畏れ多いこと」と固辞された。

民間から初めて皇室に嫁《とつ》ぎ、昭和天皇や香淳皇后、そして天皇陛下のそばにおられた美智子さまである。その人生の最後まで皇室にお仕《つか》えするというお覚悟を示されたのであろう。

天皇陛下との合葬を、美智子さまが固辞された最大の理由は、ご自身が陛下にお先立ちになった場合、陛下のご在位中に御陵が作られることになり、それはあってはならないことと強くお考えになられたともメディアで報じられていた。天皇陛下に寄り添われてこられた美智子さまならではのお気持ちのように思えた。

そして、お2人の陵は2つ寄り添う形で作られることが決定されたのである。

これにより、江戸時代の終わりから続いてきた天皇・皇后の大型の陵、そして葬儀と埋葬方法は、今後大きく変わることになった。

即位の礼

大嘗宮(だいじょうきゅう)の儀での両陛下(平成2年11月22日)

示された「象徴天皇」像

ご葬儀のあり方について、天皇陛下ご自身がいかに長く憂慮《ゆうりょ》されてきたかは、「生前退位」のメッセージのなかからも推察された。

――天皇が健康を損ない、深刻な状態に立ち至った場合、これまでにも見られたように、社会が停滞し、国民の暮らしにも様々な影響が及ぶことが懸念されます。（中略）こうした事態を避けることはできないものだろうかとの思いが、胸に去来することもあります。

天皇陛下のこのお言葉には、昭和天皇崩御からご自身の即位の礼に至るまでの思いが強く滲んでいたのではないだろうか。

昭和64年（1989年）1月7日、昭和天皇が崩御。ただちに天皇陛下が即位された。陛下の即位の礼をめぐる儀式は、1月7日同日の「剣璽《けんじ》等承継の儀」、その2日後の「即位後朝見《ちょうけん》の儀」を経《へ》た後、平成2年1月23日の「賢所に期日報告の儀」から、約1年にわたり30以上におよぶ関連行事が行なわれた。

そして平成2年11月12日に皇居で執り行なわれた「即位礼正殿の儀」には、外国人474人を含め2480人が出席。当時、日本でも大きな注目を集めていた英国の皇太子妃・ダイアナ妃が来日し、両陛下に挨拶《あいさつ》していた姿が思い出される。天皇陛下は、宮殿松の間の高御座《たかみくら》から即位を内外に宣明《せんめい》するお言葉を述べられた。11月12日から15日まで、各国要人を招いて華やかな饗宴《きょうえん》の儀が催《もよお》され、その後、即位した新天皇が、在位中ただ一度行なう宮中祭祀の大嘗祭《だいじょうさい》（即位後、初めての新嘗祭）が11月22日の夕刻から行なわれた。

皇位の継承に関する一連の儀式は、12月6日の「賢所御神楽の儀」で終わりを迎えた。

一方、即位の礼に先立って営まれた昭和天皇の「大喪《たいそう》の礼」（平成元年2月24日）は、厳粛なものだった。その古式にのっとった式は、国内外の人々に大きな感銘を与えたものだった。外国特使や駐日代表団など163カ国・28国際機関の代表、国内各界代表など約1万人という、およそ前例のない規模の参列者の数であった。

会場となった新宿御苑から、陵墓のある八王子市の武蔵野陵まで、国民に見送られながらゆっくりと進む霊柩の車列。当日は公休日となり、大喪の礼の最中、民間放送がテレビCMを一切流さないという措置をとった。

この「自粛ムード」は、昭和天皇が昭和63年9月19日に吐血《とけつ》された直後から、闘病中、崩御、そしてその約1年後の大喪の礼にかけて日本国中で続いた。歌舞音曲《かぶおんぎょく》を伴う派手な行事は中止、または規模縮小された。プロ野球の中日ドラゴンズのリーグ優勝に際しても、その「祝勝会」は名称が「慰労会」に変更。優勝パレードが自粛された。このほか、京都国体では花火の打ち上げが取りやめとなり、明治神宮野球大会、自衛隊観閲式、自衛隊音楽祭など、さまざまな催しが中止となった。自粛の動きは大規模なイベントだけでなく、結婚式の祝宴などの個人の生活にも波及した。そして忘年会、新年会も自粛されていった。

こうして昭和は終わりを告げたのである。

このとき、こうした社会の混乱と停滞をもっとも憂慮されていたのは、ほかならぬ天皇陛下ご自身だった。

「**これまでにも見られたように、社会が停滞し、国民の暮らしにも様々な影響が及ぶことが懸念されます**」

まさに「国民の生活を考える」、そのお気持ちを示されたのである。こうしたなさりようこそ、多くの国民の尊崇の念を集める所以《ゆえん》ではないだろうか。

「天皇陛下とは何か、どういう人なのかと子どもに聞かれたらどう答えるか？」

平成28年夏に亡くなるまで、長く女性週刊誌『女性自身』の皇室担当記者であった故・松崎敏弥《まつざきとしや》さんが、その著書のなかで答えを提示している。

「――国民の幸せを祈る人、だよ」

松崎さんの答えはじつに明快である。

第2章
祈り

東日本大震災で被災した漁港に黙礼される（北茨城市）

被災地でのお姿

平成23年3月11日午後2時46分、宮城県牡鹿《おしか》半島の東南東沖130km、仙台市の東方沖70kmの海底を震源とする地震により東日本大震災が引き起こされた。地震によって発生した巨大津波は岩手、宮城、福島、青森の東北4県、そして茨城県、千葉県の沿岸部に到達し、死者・行方不明者1万8000人余（平成29年3月現在。警察庁発表）という甚大《じんだい》な被害をもたらした。8年が過ぎたいま、なお被災地は復興の途上にあり、避難生活を余儀なくされている人も多くいる。

日本中を恐怖で覆《おお》った巨大地震発生から5日後、天皇陛下のお言葉を述べる映像がテレビから流れた。

この度の東北地方太平洋沖地震は、マグニチュード9・0という例を見ない規模の巨大地震であり、被災地の悲惨な状況に深く心を痛めています。地震や津波による死者の数は日を追って増加し、犠牲者が何人になるのかも分かりま

一人でも多くの人の無事が確認されることを願っています。（中略）その速《すみ》やかな救済のために全力を挙げることにより、被災者の状況が少しでも好転し、人々の復興への希望につながっていくことを心から願わずにはいられません。

そして、何にも増して、この大災害を生き抜き、被災者としての自らを励ましつつ、これからの日々を生きようとしている人々の雄々しさに深く胸を打たれています。

自衛隊、警察、消防、海上保安庁を始めとする国や地方自治体の人々、諸外国から救援のために来日した人々、国内の様々な救援組織に属する人々が、余震の続く危険な状況の中で、日夜救援活動を進めている努力に感謝し、その労を深くねぎらいたく思います。（中略）

海外においては、この深い悲しみの中で、日本人が、取り乱すことなく助け合い、秩序ある対応を示していることに触れた論調も多いと聞いています。これからも皆が相携《たずさ》え、いたわり合って、この不幸な時期を乗り越えることを衷《ちゅう》心《しん》より願っています。

巨大地震発生から5日後の3月16日、天皇陛下は《**東北地方太平洋沖地震に関する天皇陛下のおことば**》と題されたビデオ声明で、国民に直接お心を伝えられたのだ。

天皇陛下は自らその原稿を作成され、御所の応接室で「おことば」を収録された。各テレビ局がこれを放送したが、その際、陛下は「放送の途中で大きな余震など緊急情報が入った場合には、放送を中止しそちらを優先してほしい」とのお考えを示された。

そして、陛下のご意向を受けた宮内庁は、陛下にいつ被災地のお見舞いに出かけていただくかの検討を始めた。

あまり早い時期に被災地に赴けば、救援活動の妨《さまた》げにならないともかぎらない。現地の警察も消防も、行方不明者の捜索、被災者の生活を整えることが最優先である。陛下をお出迎えするための警備は、さまざまな負担を強《し》いることになるからだ。

天皇陛下が美智子さまとともに被災者をお見舞いされたのは、3月30日、東京都足立区にある東京武道館に、福島県から避難してきた人々をお訪ねになったのが最初である。

床に膝をつかれて

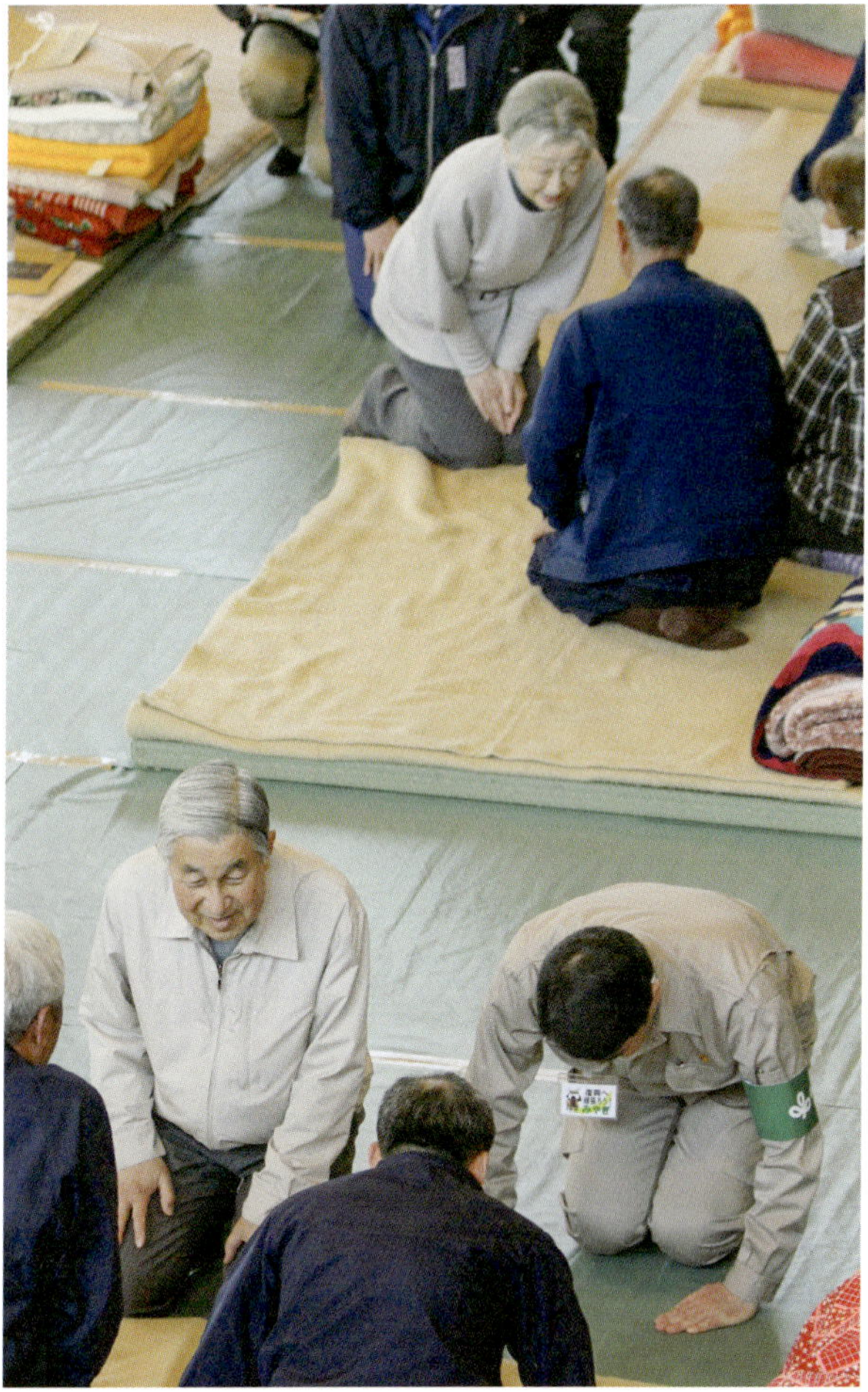

平成 23 年 4 月 27 日、宮城県南三陸町。中学校の体育館で避難生活を送る被災した住民に激励のお言葉をかけられる両陛下

4月に入ると、埼玉県に避難していた福島県双葉《ふたば》町などの人々を見舞われた。さらに津波による被害をこうむった千葉県旭《あさひ》市、茨城県北茨城市を相次いでご訪問。どちらもお車で日帰りされた。都心から太平洋沿岸までの長い距離、震災後の道路をお車でという過酷なご日程だった。

これらご訪問先の周辺には、近くの住民のみならず、被災地から避難してきた人がたくさん集まって両陛下を出迎えた。お車から手を振られる両陛下のお姿に、沿道には笑顔で手を振ってお迎えする地域住民の姿があった。

4月末になって、もっとも被害の大きい東北3県にお出かけになった。鉄道網が寸断され、お召し列車の運行など望むべくもない。移動は自衛隊の輸送機やヘリコプター、そして車を乗り継がれての日帰りである。最初に宮城県、そして岩手県、福島県の被災現場、避難所を見舞われた。

このときのお見舞いは、3月末から5月にかけ7週連続で1都6県を訪問される強行軍だったのである。

私は4月27日、両陛下が宮城県南三陸《みなみさんりく》町を見舞われたとき、現地に赴いた。地震で倒壊した家屋の下敷きになり、あるいは巨大津波に押し流され死者620人、行方不明者2

12人の犠牲を出した町。そこにはいままでに目にしたことのない荒涼とした光景が広がっていた。ただ、そんななかにあっても、桜や椿などの花々がかすかに春の訪れを告げていた。

両陛下をお乗せした自衛隊のヘリコプターが、高台にある伊里前《いさとまえ》小学校の校庭に到着した。校庭から見下ろす一帯には、津波で壊滅した町が広がっていた。震災前の姿をまったくとどめていない南三陸町に向かわれ、両陛下は深々と黙礼された。そのお姿に、私自身、胸が詰まったことを覚えている。

「被災した人々が決して希望を捨てることなく、身体を大切に明日からの日々を生き抜いてくれるよう――」

大震災直後にテレビから流れた天皇陛下のメッセージ。それはまさしく、陛下の「祈り」だった。

この年、美智子さまは「手紙」というお題で御歌を詠まれている。

「生きてるといいねママお元気ですか」文《ふみ》に項傾《うなかぶ》し幼な児眠る

これは新聞に掲載された写真をご覧になっての1首だ。大震災当時4歳の少女が、書きかけの手紙にうつ伏して寝入っている。少女は岩手県宮古《みやこ》市在住。両親と妹が津波に呑《の》まれた。ある日「ママに手紙を書く」と言ってノートと色鉛筆を取り出し、ひらがなで1文字ずつ書いていくうちに、疲れたのか寝息を立てはじめたのである。書きかけの手紙には「ままへ。いきてるといいね　おげんきですか」とあった。

美智子さまは少女のいじらしさに心を打たれ、右の御歌を詠まれたのである。美智子さまが被災者に寄せるお心は、慈愛に満ちあふれている。

「祈り」の形

天皇陛下の「祈り」とは、皇居の宮中三殿（賢所、皇霊殿、神殿）で行なわれている宮中祭祀でのお祈りが、まず挙げられる。それは皇室の私的行為とされているが、陛下は、つねに国と国民の安寧と平和を祈られているのだ。

しかし、陛下の祈りは、その祭祀だけにあるのではない。日々の暮らしのなかでも、つねに国民の幸せを祈っておられた。

そして、その祈りは目に見える「形」となって私たちに示されることがある。天皇陛下がテレビで国民にメッセージを発せられた２日前の３月14日、宮内庁は次のような一文をホームページに載せた。

《平成23年東北地方太平洋沖地震に関する天皇皇后両陛下のお気持ちなど》

そこには「計画停電に対する宮内庁の対応」「両陛下の被災地ご訪問についての考え方」と同時に「両陛下のご様子、これからのご日程などについて」という項目があった。

《ご様子については、発生直後より災害のニュースをご覧になり続けておられ、いくつかの地域で安否確認ができない方が一万名を超えると伝えられていること、あるいは原発が案じられる状況にあることなど、報じられる被害状況がますます増大し悪化していることに深く心を痛めておられると承《うけたまわ》っている》

さらに、天皇陛下の細やかなご配慮が窺える記述が続く。

《ご日程についてはこれまでも、こうした大災害に際しては、被災県の知事を始め関係者から被災地の状況などの報告をお聞きになっておられるが、今次大災害に際しても、大災害への対応に忙殺されているさまざまな関係者に更なる負担をかける結果にならないよう十分に意を用いつつ、適切なタイミングを選んで、逐次《ちくじ》、関係者の報告をお聞きになる機

会を設けるお気持ちである》

天皇陛下は東日本大震災の直後から、被災地の情報を細部にわたって収集され、さまざまな角度から状況を分析され、お心を砕《くだ》かれていた。陛下がもっとも懸念されていたのは、福島第一原発事故のことだったという。

現場が緊急事態に陥《おちい》っていた3月15日の午前中、陛下は御所で、前原子力委員会委員長代理から「原子力発電所の仕組みと安全対策について」の説明をお聞きになられた。これが震災関連では最初のご説明であった。また、その日の午後には、警察庁長官から「東北地方太平洋沖地震被災状況及び救助活動等について」の説明を受けられた。

以来、陛下は数カ月の間に、放射能被曝《ひばく》の問題や、自衛隊、海上保安庁、消防による救援・救助活動の状況、地震発生のメカニズムや被災地の農業や漁業がこうむった被害の状況、さらには世界中の国々が日本にたいしてどのような支援を寄せてくれているかなど、毎週のように各分野の専門家や関係者による説明の場に臨んでおられる。その数は、この年、大地震発生から12月までに計34回に及んだという。

天皇陛下は国民の平安な生活を願い、つねに祈ってこられた。そして、国民が困難や苦しみの状況にあるとき、その国民に寄り添われようと、状況をつぶさにお知りになろうとされた。

当時の侍従《じじゅう》長で陛下のおそばにあった川島裕《かわしまゆたか》さんは、後にこう綴《つづ》っている（「文藝春秋」平成28年4月号）。

「大震災を様々な角度からフォローし、分析し、施策を立案した人々は多数居《お》られると思うが、これだけ多岐にわたってあの震災について知識を蓄積されたのは両陛下だけではないかと思う」

そうした陛下と美智子さまのお考えはすぐに実行された。

3月26日、栃木県にある那須《なす》御用邸が被災者に開放されたのである。那須御用邸はご存知のように、天皇皇后両陛下がご静養のためにお使いになる施設である。その御用邸のある那須町の避難所には、福島第一原発の事故から逃れた被災者たちが身を寄せていた。

宮内庁の施設を役に立ててもらえないだろうか。

陛下は、職員にそのような意味の指示をされたという。

そして、御用邸敷地内の職員用の温泉入浴施設が開放された。

御用邸がこのような形で一般人に開放されたのは、初めてのことだった。那須御用邸にやってきた被災者たちに、宮内庁は3000枚のタオルを用意。その袋詰め作業には秋篠宮妃紀子《きこ》さまと2人の内親王、眞子さまと佳子さまも参加された。浴場の開放は4月末まで続けられ、多くの被災者が御用邸での入浴によって癒《いや》されたのである。

被災者に対する陛下のご配慮はこれだけではなかった。

栃木県にある御料《ごりよう》牧場に蓄《たくわ》えられていたハムや豚肉、鶏肉の燻製《くんせい》、ソーセージなどの生産品が被災者に配られた。御料牧場で作られる食品は両陛下や皇太子ご一家の食卓に上るほか、皇居宮殿で催される宮中晩餐会にも供される。それらが、福島県からの被災者約100人が避難生活を送っていた栃木県益子《ましこ》町の避難所に届けられたのだ。


ささやかではあるが、避難している人たちのために役立ててほしい。

天皇陛下と美智子さまのお心だった。
できることから始める――。天皇陛下と美智子さまは、まずは率先して実行するお姿を

激務とご体調

入院のため東大病院に向かわれる（平成23年11月6日）

冠動脈バイパス手術を受けられ、ご退院（平成24年3月4日）

お示しになられたのである。

平成23年11月29日、天皇陛下は、美智子さまとご一緒に都内で開催された「東日本大震災消防殉職《じゅんしょく》者等全国慰霊祭」にお出かけになった。これは両陛下がご臨席になった東日本大震災に関する最初の慰霊の儀式だが、この5日前まで、陛下は気管支炎とマイコプラズマ肺炎の治療のため、19日間、東大病院に入院されていたのだ（P97の写真上）。

周囲はもちろん陛下のお身体《からだ》を心配し、慰霊祭へのお出ましをお控えいただくよう進言したが、陛下のご意志は固く、ご臨席が決定されたという。

陛下はこの年のお言葉のなかで、大震災による多くの犠牲者に哀悼のお気持ちを述べられるとともに、大津波が押し寄せるなか、命の危険もかえりみず救助活動にあたり殉職し負傷した消防、警察、自衛隊などの関係者にもお心を寄せられていた。

いかにお身体に負担がかかろうとも、陛下にとってこの慰霊祭は、どうしてもお出ましにならなければならないものだったのである。

入院された陛下、美智子さまの献身

この平成23年、天皇陛下のご様子がいかに過酷なものであったか。それは78歳のお誕生日を迎えるにあたり宮内庁のホームページに掲載されたご動静から見て取れる。

《陛下は今年1月にお受けになった心機能検査の結果を踏まえ、2月に東大病院にて動脈カテーテルによる冠動脈造影検査をお受けになったところ、冠動脈全体にある程度の動脈硬化が確認され、冠動脈狭窄《きょうさく》も認められました。（中略）

また、11月初めより気管支炎による発熱が見られたため、大事を取って11月6日夜から東大病院にご入院になりました。ご入院中に、お咳《せき》とお熱が悪化し、軽度の気管支肺炎と診断されました。この原因はマイコプラズマであったことが、後に確認されています。

その後ご症状が回復したため、11月24日にご退院になりましたが、ご退院後もしばらくの間、御所にてご療養いただきました。病院・御所でご療養の間、11月7日から12月6日まで、皇太子殿下に国事行為臨時代行を委任され、また、国賓を始め幾つかの行事にご名代としてご差遣《さけん》になりました。

また、平成15年の前立腺がんのご手術以降、再発に対するご治療としてお続けいただい

ているホルモン療法の副作用として骨密度の低下による骨粗鬆症《こつそしょうしょう》発症の予防を始めご健康維持のため、ご運動に努めていらっしゃいます。（後略）》

このころから天皇陛下のお身体は、心臓に動脈硬化が認められるなど、周囲を憂慮させる状況であったことは間違いない。そんな状態を押して、陛下は大震災後の被災地をお見舞いされていたのである。

この年、天皇皇后両陛下は神奈川県葉山《はやま》で、束《つか》の間のご静養をされていた。葉山御用邸の目の前に広がる一色《いっしき》海岸、小磯の鼻、大浜《おおはま》海岸を散策される両陛下のお姿は、葉山の町の人たちにはごく当たり前の風景となっている。

「天皇陛下、皇后さま、おはようございます」

「ああ、おはようございます」

人々の声ににっこりと微笑まれ、お言葉を返される両陛下。ときには、皇太子ご一家や秋篠宮ご一家とともに葉山にいらっしゃることもある。

夏の終わりのご静養、両陛下は秋篠宮ご一家とご一緒だった。

天皇陛下は、いつものご滞在のときのようにお孫さまの悠仁さまとご一緒に和船に乗られ、おだやかな葉山の海に自ら櫓《ろ》をとって漕《こ》ぎだされた。大震災のお見舞いでお疲れにな

美智子さまの和装の理由

退院されて1週間後、天皇陛下は「東日本大震災1周年追悼式」にお出ましに。美智子さまは陛下のご体調を気遣われ、ヒールのある靴よりも動きやすい草履をお召しになった

ったお気持ちを和《なご》ませるお孫さまとのひとときが……。

しかしその後、一色海岸に戻られた陛下のお身体に異変が起きた。

御用邸横の公園で、急に胸を苦しそうに押さえたまま、石の上に座り込んでしまわれたのである。そのお顔は真っ青で、美智子さま、秋篠宮殿下が心配そうに陛下の近くに立ちつくされていた。陛下はすぐに駆けつけた侍医や職員たちに介抱されながら御用邸にお戻りになった。

このとき陛下の心臓は、過酷な日程での被災地へのご訪問、そしてご公務が続いたことで悲鳴を上げていたのである。

そして年が明けた平成24年（2012年）2月18日、天皇陛下は東大病院で冠動脈バイパス手術を受けられた。心臓外科の権威、順天堂大の天野篤《あまのあつし》心臓血管外科教授らが執刀。約4時間に及ぶ手術は成功し、術後しばらくして、付き添われていた美智子さまと黒田清《くろださや》子《こ》さんに面会されている。

2週間の入院中、陛下は毎日リハビリのメニューをこなされた。歩くことから始められ、1日に約1キロも歩かれる日もあった。そして、そのおそばに付き添われていたのは美智子さまだった。

美智子さまは陛下のご入院中、ほぼ隔日で病院にお泊まりになり、身の回りのお世話をされた。苦しいリハビリをされる陛下のために、御所の花をお持ちになったり、お若いころに日本中で人気を博した由紀《ゆき》さおりさんの「夜明けのスキャット」などを一緒にお聴きになったという。

そして３月４日のご退院からわずか１週間後の３月11日、陛下は東京・千代田区の国立劇場で開かれた「東日本大震災１周年追悼式」にお出ましになったのである（Ｐ101の写真）。

――１年前の今日、思いも掛けない巨大地震と津波に襲われ、ほぼ２万に及ぶ死者、行方不明者が生じました。その中には消防団員を始め、危険を顧《かえり》みず、人々の救助や防災活動に従事して命を落とした多くの人々が含まれていることを忘れることができません――

医師団から「３月いっぱいは安静に」といわれていた天皇陛下のご体調は、万全とは程《ほど》遠《とお》い状態だった。陛下の追悼式ご臨席に周囲は少なからず不安の念を抱いたはずである。

だが、このときも、追悼式にはどうしても臨席したいという陛下の強いご意志は変わらなかった。ご入院中から陛下は、お言葉の準備も進められていたという。

被災地の今後の復興の道のりには多くの困難があることと予想されます。国民皆が被災者に心を寄せ、被災地の状況が改善されていくようたゆみなく努力を続けていくよう期待しています。そしてこの大震災の記憶を忘れることなく、子孫に伝え、防災に対する心掛けを育み、安全な国土を目指して進んでいくことが大切と思います。

今後、人々が安心して生活できる国土が築かれていくことを一同と共に願い、御霊への追悼の言葉といたします。

追悼式の祭壇に深々と一礼される天皇皇后両陛下。

このとき美智子さまがお召しになっていたのは、通常このようなときにお召しになる洋装の礼服ではなく、和装の喪服だった。これには美智子さまの細やかなお心配りがあったのである。

ご退院から日も浅く、側近によればご体調の「ギリギリのところでお決めして」という

慈しみ深き——

阪神・淡路大震災。神戸市東灘区の避難所で（平成７年１月 31 日）

判断でご出席される陛下のお身体を心配されていた美智子さまは、咄嗟《とっさ》のときに陛下をお支えできるように、ヒールのある靴より草履《ぞうり》のほうがよいと、お着物でお付き添いになられたのである。

両陛下のお見舞いは「平成流」

天皇陛下と美智子さまの国民にお心をお寄せになるお気持ち、それが形となったのが、被災地でのお姿だった。まさに「象徴」的なスタイルとして、ごく自然に受け止められるようになったが、これは天皇陛下が確立された「平成流」といっていいだろう。

当時、総理大臣や担当大臣、国会議員などの多くの政治家たちも被災地に赴くことはあったが、彼らが被災者たちに本当に寄り添おうとしているようには、とても感じられなかった。彼らのほとんどは、被災者の前でも立ったままで、担当者の説明をただ「うん、うん」と聞き、頷《うなず》くだけ。被災者の話に真摯に耳を傾け、心から元気づけようとする姿勢は少なくとも私には見て取れなかった。

ただ、最近は政治家もかなり視線を低くするようになったようである。それも天皇陛下の「国民に寄り添う」という姿勢から学んだ結果だと思えてならない。

それにしても天皇陛下のご即位から10年の間、雲仙・普賢岳噴火（平成３年）、北海道南西沖地震（平成５年）、阪神・淡路大震災（平成７年）と、日本は３年に一度の割合で大災害に見舞われていたことになる。

さらに三宅島噴火（平成12年）、新潟中越地震（平成16年）、東日本大震災（平成23年）、そして熊本地震（平成28年）と続いた。これだけではない。毎年のように台風や豪雨、豪雪による災害が日本列島を襲った。そのたびに陛下は被災地にお見舞いと励ましのお言葉を贈られるだけでなく、現地に駆けつけ被災者の言葉に耳を傾けてこられたのだ。

巨大津波で２００人以上の犠牲者を出した奥尻島をお見舞いされた際、両陛下は身内を津波で亡くし遺影を手にした女性とお会いになった。そのとき、美智子さまは思わずその遺影を受け取り抱きしめられた。

思いがけない行動は、それまで辛《つら》い気持ちを抑えていた女性の心を溶かした。美智子さまは、泣きじゃくるその婦人の肩に静かにお手を置かれ、やさしく語りかけられていた。

６４００人以上の犠牲者を出した阪神・淡路大震災のときは、両陛下は地震発生から２

週間後の1月31日に被災地に入られた。このときも美智子さまは、避難所で女性を抱きよせられている。（P105の写真）

地震直後に発生した大火災で一面の焼け野原となった神戸市長田区《ながたく》菅原《すがはら》市場では、まだ焼け跡の匂いさえ消えてない瓦礫《がれき》の山の片隅に、美智子さまは皇居のお庭に咲いていた白地にやわらかな黄色の17輪のスイセンを持参しお供《そな》えになった。

美智子さまがスイセンを供えられた地は、現在「すがはらすいせん公園」となっている。

弱者への眼差《まなざ》し

平成11年、ご即位10周年にあたって記者会見に臨まれた天皇陛下と美智子さまは、ご感想を聞かれて、こうお答えになられた。

障害者や高齢者、災害を受けた人々、あるいは社会や人々のために尽くしている人々に心を寄せていくことは、私どもの大切な務めであると思います。福祉施設や災害の被災地を訪れているのもその気持ちからです。私どものしてきたことは活動という言葉で言い表すことはできないと思いますが、訪れた施設や被災地で会った人々と少しでも心を共にしようと努めてきました。

天皇陛下のお言葉や行動から、いかに両陛下が「国民と苦楽を共にする」ことを大切にされてきたかがわかる。そして、そのことがまさに自らが模索し、築き上げてこられた「象徴天皇」としてのあり方なのだと。

また、陛下のおそばにあって公私にわたり尽くしてこられた美智子さまは、陛下から感謝のお言葉を受けて、こうお答えになった。

この10年間、陛下は常に御自身のお立場の象徴性に留意をなさりつつ、その上で、人々の喜びや悲しみを少しでも身近で分け持とうと、お心を砕いていらっしゃいました。

社会に生きる人々には、それぞれの立場に応じて役割が求められており、皇室の私どもには、行政に求められるものに比べ、より精神的な支援としての献身が求められているように感じます。

役割は常に制約を伴い、私どもの社会との接触も、どうしても限られたものにはなりますが、その制約の中で、少しでも社会の諸問題への理解を深め、大切なことを継続的に見守り、心を寄せ続けていかなければならないのではないかと考えております。

様々な事柄に関し、携わる人々と共に考え、よい方向を求めていくとともに、国民の叡知《えいち》がよい判断を下し、人々の意志がよきことを志向するよう常に祈り続けていらっしゃる陛下のおそばで、私もすべてがあるべき姿にあるよう祈りつつ、自分の分を果たしていきたいと考えています。

「人々の喜びや悲しみを少しでも身近で分け持とう」と、お心を砕き、お心を寄せていく。それが「祈り」の姿勢なのだ。

天皇陛下がお心を寄せるのは、自然災害によって被災した人たちだけにかぎられたものではない。

社会的に「弱者」と呼ばれる人々に向けられる眼差《まなざ》しは、限りなく優しい。両陛下は皇太子・皇太子妃の時代から養護学校や身体障害者施設、老人ホームや小児病院といった福祉施設を訪問されつづけている。

そのなかでも忘れてならないのが、昭和43年（1968年）からお続けになっているハンセン病療養所へのご訪問である。

ハンセン病は、長く不治《ふじ》の病《やまい》として恐れられ、患者は差別と偏見のうちに苦難の人生を強いられてきた歴史がある。そのなかで、遠い昔は聖武《しょうむ》天皇の后《きさき》であった光明《こうみょう》皇后が、そして近代では大正天皇の后である貞明《ていめい》皇后が、ハンセン病患者の救済に携わってきた。そうした皇室のありように、熱心に取り組まれたのは美智子さまだった。

この美智子さまの姿勢を語るとき、重要な女性の存在がある。

美智子さまにはご成婚後から「美智子さまの相談役」とまでいわれた神谷美恵子《かみやみえこ》さんという女性がいた。昭和32年（1957年）から47年（1972年）まで、岡山県の国立ハンセン病療養所「長島愛生園《ながしまあいせいえん》」に精神科の医師として勤務するなど、ハンセン病の治療に生涯を捧げた精神科医である。

ハンセン病患者と元患者の方たちは、特効薬の開発で病気が完治した後も国策によって隔離生活を余儀なくされ、去勢までされるという非人道的な人生を送らされてきた。

メディアさえ関心を示さなかった元ハンセン病患者の方たちを、両陛下がお訪ねになったのは昭和43年、鹿児島県にある国立ハンセン病療養所「奄美和光園《あまみわこうえん》」が最初だった。以来、全国にある療養所の入所者をお訪ねになり、面会を積み重ねて来られたのである。

美智子さまには、まさに「ライフワーク」ともいうべきご訪問である。

そして平成26年7月、両陛下は宮城県登米《とめ》市の国立ハンセン病療養所「東北新生園《しんせいえん》」を訪問された。最初のご訪問から実に46年。両陛下は全国14カ所（国立13、私立1）の療養所の入所者の方たちとの面会を果たされたのである。

天皇陛下は東北新生園で、昭和14年（１９３９年）から入所しているという車椅子の男性にお声をかけられた。

入所のころはいろいろ状況が厳しかったんじゃないですか？

ご訪問当時、同園に入所していた人は87人、平均年齢は84歳だった。

ハンセン病療養所へのご訪問

両陛下は昭和43年からハンセン病療養所へのご訪問を続けられてきた。上は熊本県合志市の菊池恵楓園（平成25年10月）、下は皇太子同妃時代、群馬県草津町の栗生楽泉園で（昭和62年8月）

美智子さまも、女性入所者に話しかけられた。

美智子でございます。元気でいらしてくださって、ありがとう。

お声をかけられた女性の思いは、いかばかりであっただろうか。

美智子さまは平成6年（1994年）10月、還暦を迎えられての「誕生日に際し」の文書回答で「皇室に新風を吹き込んだ」とされることについて尋ねられ、こう答えられた。

皇室も時代と共に存在し、各時代、伝統を継承しつつも変化しつつ、今日に至っていると思います。この変化の尺度を量《はか》れるのは、皇位の継承に連《つら》なる方であり、配偶者や家族であってはならないと考えています。

伝統がそれぞれの時代に息づいて存在し続けるよう、各時代の天皇が願われ、御心をくだいていらしたのではないでしょうか。きっと、どの時代にも新しい風があり、また、どの時代の新しい風も、それに先立つ時代なしには生まれ得なかったのではないかと感じています。

さらに、「皇室観」についての質問に対して、こう答えられている。

私の目指す皇室観というものはありません。ただ、陛下のお側《そば》にあって、全《すべ》てを善《よ》かれと祈り続ける者でありたいと願っています。

お言葉のなかに出てくる「祈り」。

それこそが、象徴天皇とその妃、皇后のお心となさりようを象徴する言葉なのである。

「お見舞いは人にいわれてするものではありません」

「私はこれまで天皇の務めとして、まず国民の安寧と幸せを祈ることを大切に考えて来ましたが、同時に事にあたっては、時として人々の傍らに立ち、その声に耳を傾け、思いに

寄り添うことも大切なことと考えて来ました」

天皇陛下は、譲位について語られた〝平成の玉音放送〟のなかで、こう述べられた。象徴天皇の務めとは、国民の安寧と幸せを祈ると同時に、また苦しみや悲しみを心の奥深くに抱いている人に対しては、一時の慰めではなく、永く「心を寄せ続ける」ことが大切なのだと。

陛下のこのような思いは、どのようにして育まれたのだろうか。おそらくご幼少のころから将来天皇となる者として、ご自身が国民に何をしなければならないのかを模索されつづけるなかで確立されてきたと考えられる。

その原点と思えるようなエピソードがある。

女子学習院付属幼稚園から学習院高等科までの、陛下のご学友だった明石元紹《あかしもとつぐ》さんが、その著書『今上天皇　つくらざる尊厳』（講談社）や雑誌のインタビューで、次のように明かしている。

《（学習院）中等科時代の殿下に少なからぬ影響を与えた外国人教師がいました。私たちが1年生のときに英語教師としてこられたエリザベス・グレイ・ヴァイニング夫人です。殿下の英語教師として招かれたヴァイニング夫人は、何気ない日常会話のなかで、行動や

恩師の教え

学習院中等科の英語教師、ヴァイニング夫人。英語のみならず多くの影響を皇太子時代の陛下に与えた。写真下は帰国する夫人のお別れパーティで（昭和25年12月1日。手前は弟君の常陸宮さま）

考えの誤りをそれとなく気づかせてくれることがありました》

あるとき、当時、皇太子だった天皇陛下のお世話をする野村行一《のむらこういち》東宮大夫《とうぐうだいぶ》が入院した。

それを知ったヴァイニング夫人が陛下に尋ねたという。

「お見舞いをなさいましたか？」

その問いに陛下は答えた。

「まだしてません」

夫人はさらに問う。

「なぜ、しないのですか？」

陛下はその理由を述べる。

「まだ、侍従が何とも言って来ませんので」

そのお言葉を受けて、ヴァイニング夫人は、こういってたしなめたという。

「お見舞いは誰がするのですか？　殿下がしたいと思ったらすればよいし、人にいわれてするものではないでしょう」

このエピソードが天皇陛下に与えた影響について、明石さんは、こう述懐している。

《陛下にとってこの出来事は、ひとつの出発点になったのではないでしょうか。

今日の陛下の率先実行されるお姿のベースには「自分から行動を起こすことが、上に立つ者として大切です」と説いたヴァイニング先生の教えがあるような気がします》

陛下が英語や西洋式のマナーなどを身につけられることに、ヴァイニング夫人が大きな役割を果たしたことは間違いない。

その一方で、より大きな影響を与えたのは、皇太子時代の御教育係だった小泉信三《こいずみしんぞう》（当時慶應義塾塾長、経済学博士）だといわれている。

将来天皇となる皇太子に、「御心得」を身につけさせるために大きな役割を果たした。いわゆる新時代の「帝王学」の伝授である。

陛下は皇太子時代の昭和58年（1983年）、こう述べられた。

好きな言葉に「忠如《ちゅうじょ》」があります。論語の一節に「夫子《ふうし》の道は忠如のみ」とあります。自己の良心に忠実で、人の心を自分のことのように思いやる精神です。この精神は一人一人にとって非常に大切であり、さらに日本国にとっても忠如の生き方が大切なのではと感じています。

「夫子」とは先生という意味である。ここでは孔子《こうし》のことをいう。「忠」は誠実で嘘をつかず、「如」は人にやさしく接することだという。

この皇太子時代のご発言から、陛下と美智子さまのご婚約のとき、美智子さまが「陛下のどこがお好きなのか」と記者に問われ、お答えになった言葉が思い出される。

「ご清潔で、ご誠実で、ご信頼申し上げられる方……」

「忠如」は、まさに天皇陛下の「祈り」の原点なのである。

第3章

平和

サイパンのバンザイ・クリフで黙禱される（平成17年6月）

8月15日のお言葉

「先の大戦」

天皇陛下は、しばしばこのお言葉を口にされた。

戦後70年余を経て、戦争を知らない国民が80％近くを占める日本で今日なお、この大戦を心に留め置くために、陛下が「先の大戦」を口になさることには、大きな意味があるのではないか。

先の大戦とは、言うまでもなくドイツのポーランド侵攻（昭和14年／１９３９年）に始まり日本の無条件降伏をもって終結した第2次世界大戦のことである。日本は昭和16年12月の真珠湾《しんじゅわん》攻撃から参戦したが（太平洋戦争）、沖縄戦を経て広島、長崎に原爆が投下され、昭和20年（１９４５年）に敗戦を迎えた。この間、ドイツ、日本、イタリアの日独伊3国同盟を中心とする枢軸国陣営と、イギリス、ソビエト連邦、アメリカ、中国などの連合国陣営との間で全世界的規模の戦争が繰り広げられた。

人類史上最大の戦争となったこの大戦で、世界中の犠牲者は５０００万人から８０００万人ともいわれる。中国大陸、アジア・オセアニアなどの国外と国内で、日本人だけでも軍人・民間人を合わせ310万人が犠牲となった。

「先の大戦」をしばしば加えながら、天皇陛下がお示しになるお言葉やご公務のなさりようのなかには、筆舌《ひつぜつ》に尽くしがたいこの戦争の悲劇を記憶に留めるためだけでなく、戦争によって失われた尊い生命に対する鎮魂《ちんこん》と、いまなお世界の各地で続く戦いへの苦い思いが込められているように思えてならない。

それこそが、陛下の平和を希求する一貫したお姿だった。私たち国民は、陛下の思いをあらためて重く受け止めなければならないと思うのだ。

ご即位に際し行なわれた平成元年8月4日の記者会見において、記者から次のような質問があった。
《昭和天皇が亡くなられて以降、その戦争責任の問題が国の内外であらためて議論されました。天皇と戦争責任、それをめぐる現在の論議について、どのようにお考えでしょうか》
天皇陛下は以下のようにお答えになった。

昭和天皇は、平和というものを大切に考えていらっしゃり、また、憲法に従って行動するということを守ることをお努めになり、大変ご苦労が多かったと深くお察ししています。先の大戦では、内外多数の人々が亡くなり、また、苦しみを受けたことを思うと、誠に心が痛みます。日本は、新しい憲法の下平和国家としての道を歩み続けていますが、世界全体で一日も早く平和が訪れるよう切に願っています。

以来、今日に至るまで、毎年8月15日に開催される全国戦没者追悼式はもちろんのこと、さまざまなご公務においてのお言葉に、あるいは大戦の当事国の要人を招かれての晩餐会においても、平和を願うお言葉のなかに「先の大戦」を加えられている。

「戦没者を追悼し平和を祈念する日」に際し、ここに、全国戦没者追悼式に臨み、さきの大戦において、尊い命を失った数多くの人々やその遺族を思い、深い悲しみを新たにいたします。

戦争のない世界へ

原爆慰霊碑に供花される(平成８年10月11日、広島市の平和記念公園)

顧みれば、終戦以来すでに44年、国民のたゆみない努力によって築きあげられた今日の平和と繁栄の中にあって、苦難にみちた往時をしのぶとき、感慨は誠につきるところを知りません。

ここに、全国民とともに、我が国の一層の発展と世界の平和を祈り、戦陣に散り、戦禍にたおれた人々に対し、心から追悼の意を表します。

平成元年8月15日の終戦記念日（正式には閣議決定により「戦没者を追悼し平和を祈念する日」）に、天皇として初めて出席された全国戦没者追悼式でのお言葉である。

その後も毎年この式典に列席され、戦争への反省と強く平和を願う思いをお言葉に込められていた。

「戦争の無い時を知らないで育ちました」

昭和8年（1933年）にご誕生の天皇陛下は、終戦を11歳でお迎えになった。少年期のご記憶の多くは、戦時の中で育まれたものといっても過言ではないだろう。

ご自身が幼少期に経験された「先の大戦」に対するお気持ちを、平成11年の「ご即位10年」に際して開かれた記者会見でこう述べられている。

私の幼い日の記憶は、３歳の時、昭和12年に始まります。この年に盧溝橋《ろこうきょう》事件が起こり、戦争は昭和20年の８月まで続きました。したがって私は戦争の無い時を知らないで育ちました。この戦争により、それぞれの祖国のために戦った軍人、戦争の及んだ地域に住んでいた数知れない人々の命が失われました。哀悼の気持ち切なるものがあります。今日の日本が享受《きようじゆ》している平和と繁栄は、このような多くの犠牲の上に築かれたものであることを心しないといけないと思います。

陛下の幼少期、少年期はまさに「戦争の無い時を知らないで育ちました」というお言葉に集約されるといっていいだろう。それについては、このお言葉を述べられる以前の皇太子時代にも触れられている。

戦後30年近くが経過した昭和49年12月18日、41歳の誕生日を前にした記者会見の席でのことだった。

私が終戦を迎えた時は小学校6年生で、戦前のことは様々な本を読んで考えています。終戦後、東京に戻った時に一面の焼け野原だったことを覚えています。（中略）

はっきりしているのは、日光から原宿の駅に降りた時、あたりが何もなかったのでびっくりしたのは事実です。

この席で、当時の天皇陛下である昭和天皇のお気持ちに触れながら、こうも語られている。

（昭和の）50年間にはいろいろなことがありましたが、陛下の中に一貫して流れているのは、憲法を守り、平和と国民の幸福を考える姿勢だったと思います。

昭和の前半はそれが生かされず、多くの人命を失い、日本の歴史でも悲劇的な

少年期の記憶

戦時中の昭和 19 年、学習院初等科 5 年の学友と鹿島神宮をご参拝

終戦後の元旦、新年御書初めで（昭和 21 年 1 月）

時期でした。（中略）
　終戦直後よくいわれた平和国家、文化国家という言葉は私達の世代のものに懐かしい響きがあります。これをもう一度かみしめてみたい。ともすれば念頭から離れてしまうが、日本人全体が考えるべきことだと思います。

　日本国憲法に定められた象徴天皇として、憲法を遵守していかなければならないという陛下の強いご意志は美智子さまのご意志でもある。平成25年の「お誕生日に際し」のお言葉のなかで天皇陛下よりも、ある意味で踏み込んだといってもいい内容で示されている。

　5月の憲法記念日をはさみ、今年は憲法をめぐり、例年に増して盛んな論議が取り交わされていたように感じます。主に新聞紙上でこうした論議に触れながら、かつて、あきる野市の五日市《いつかいち》を訪れた時、郷土館で見せて頂いた「五日市憲法草案」のことをしきりに思い出しておりました。明治憲法の公布（明治22

年）に先立ち、地域の小学校の教員、地主や農民が、寄り合い、討議を重ねて書き上げた民間の憲法草案で、基本的人権の尊重や教育の自由の保障及び教育を受ける義務、法の下の平等、更に言論の自由、信教の自由など、２０４条が書かれており、地方自治権等についても記されています。当時これに類する民間の憲法草案が、日本各地の少なくとも40数か所で作られていたと聞きましたが、近代日本の黎明《れいめい》期に生きた人々の、政治参加への強い意欲や、自国の未来にかけた熱い願いに触れ、深い感銘を覚えたことでした。長い鎖国を経た19世紀末の日本で、市井《しせい》の人々の間に既に育っていた民権意識を記録するものとして、世界でも珍しい文化遺産ではないかと思います。

幼少期、少年期の戦中、戦後のご経験を経て、今日に至るまで、二度と戦争を引き起こしてはならないという天皇陛下の強いお気持ちは、さまざまなお言葉やお務めに滲み出ている。

美智子さまもまた、先の大戦についての思いを表わされてきた。翌年に戦後70年を迎える平成26年10月、80歳のお誕生日に際して宮内記者会の質問に答え、ご自身のお気持ちを文書で寄せられた。

今年8月に欧州では第一次大戦開戦から100年の式典が行われました。第一次、第二次と2度の大戦を敵味方として戦った国々の首脳が同じ場所に集《つど》い、共に未来の平和構築への思いを分かち合っている姿には胸を打たれるものがありました。

私は、今も終戦後のある日、ラジオを通し、A級戦犯に対する判決の言い渡しを聞いた時の強い恐怖を忘れることが出来ません。まだ中学生で、戦争から敗戦に至る事情や経緯につき知るところは少なく、従ってその時の感情は、戦犯個人個人への憎しみ等であろう筈《はず》はなく、恐らくは国と国民という、個人を越えた所のものに責任を負う立場があるということに対する、身の震うような怖《おそ》れであったのだと思います。

戦後の日々、私が常に戦争や平和につき考えていたとは申せませんが、戦中戦後の記憶は、消し去るには強く、たしか以前にもお話ししておりますが、私

疎開船の悲劇

昭和19年8月、長崎へ疎開する学童を輸送するため那覇港を出発した対馬丸（写真下）は米潜水艦の攻撃で沈没。1485名が犠牲となった。この悲劇から70年に当たる平成26年6月、天皇皇后両陛下は2年ぶりに沖縄をご訪問され、那覇市の対馬丸記念館で犠牲者の遺族や生存者と懇談された（上）

はその後、自分がある区切りの年齢に達する都度《つど》、戦時下をその同じ年齢で過ごした人々がどんなであったろうか、と思いを巡らすことがよくありました。

この年、天皇皇后両陛下は6月26日、27日の日程で沖縄をご訪問。26日は糸満《いとまん》市の国立戦没者墓苑でご供花、静かに拝礼され、翌27日には那覇《なは》市の旭《あさひ》ヶ丘《おか》公園にある「小桜《こざくら》の塔」（対馬丸《つしままる》犠牲者の慰霊碑）にもご供花、拝礼をされた後、「対馬丸記念館」において、対馬丸犠牲者の遺族や生存者の方々と話される場を持たれた。

対馬丸とは戦前、日本郵船が所有していた貨物船である。太平洋戦争中の昭和19年（1944年）8月22日、日本本土へ疎開する学童を長崎に向けて輸送中だった対馬丸は、米海軍の潜水艦の攻撃を受けて沈没した。この沈没により、多数の学童を含む1485名の犠牲者が出たのである。

戦争末期、米軍に本土防衛の重要拠点ともいえるサイパンを陥落させられた日本軍は、次なる拠点を沖縄に据《す》えようとした。その国策の一環として、女性、お年寄り、子どもたちを九州や台湾に疎開させた。昭和19年7月から昭和20年3月まで187隻《せき》の疎開船が運航されたが、対馬丸だけが米軍の攻撃に遭《あ》い沈没したのである。だが当時、この痛ましい出来事には箝口令《かんこうれい》が敷《し》かれ、公《おおやけ》にはならなかった。

この対馬丸の悲劇は、戦後約74年を経て、多くの日本人の記憶のなかで風化しつつあるのではないだろうか。戦後、皇太子時代を含め、天皇陛下と美智子さまは、しばしば対馬丸の記憶を戦争の悲惨さと重ね合わせながら、お心に留めていることを話されている。この対馬丸の悲劇を折に触れて語られる天皇皇后両陛下のご姿勢や沖縄を訪ねられた際のお姿は、戦争の悲惨さをいつまでも心に留め、平和な世の中を保つようにと、われわれ国民に呼びかけておられるように感じる。

美智子さまが、平成７年に広島で開催された植樹祭にご臨席の折に詠まれた御歌がある。


初夏《はつなつ》の光の中に苗木植うるこの子どもらに戦《いくさ》あらすな

皇太子時代の疎開経験と、終戦の日の作文

対馬丸が沈没した同じころ、天皇陛下と美智子さまはともに疎開生活を送られていた。

ここで、天皇陛下の学童疎開のご経験についても触れておこう。

学習院初等5年生にご在学中の昭和19年、すでに日本軍は制空権を完全に米軍に奪われており、東京にも米軍の爆撃機による空襲の脅威が迫っていた。もちろん東京だけではない。東京以外でも空襲の標的とされた大都市圏では、子どもたちの学童疎開が始まっていた。陛下も、陛下のご学友たちも例外ではなかった。

昭和19年3月、陛下はまず千葉県成田《なりた》市にあった宮内省下総《しもうさ》御料牧場（当時は宮内省。現・成田空港）に滞在される。しかし下総御料牧場は疎開の練習地という位置づけもされており、また米軍の本土上陸を考えると、地理的に千葉県は最前線になる可能性が高いとの判断がなされた。その結果、疎開先は静岡県の沼津《ぬまづ》御用邸が選ばれた。5月、学習院初等科のご学友とともに疎開されることになる。

ところが、ほどなく沼津沿岸に米軍の潜水艦が出没しはじめたという情報も入り、栃木県の日光に疎開の地を移すことになる。

戦時中、皇太子であった天皇陛下は、日光の田母沢《たもざわ》御用邸にお住まいになり、ご学友は当時営業を中止していた日光の金谷《かなや》ホテルで疎開生活を送っている。

昭和20年に入ると、戦局はさらに悪化する。その結果、陛下をはじめとする学習院初等科の児童たちは、日光のさらに奥地の奥日光に疎開の地を移すことになる。

当時、そうした戦時下の疎開生活のなかにあっても、ほとんどのご学友は、ときたま訪れる肉親と会うこともできたという。しかし、陛下にはそれもかなわない。お寂しい思いをされたことは想像に難《かた》くない。

また、食糧事情もどんどん悪くなり、しばしば行なわれる遠足では、食べることのできる野草や木の実を採取していたという。陛下も同様に採取された。

当時、皇太子というお立場にあった11歳の天皇陛下は、戦争をどのようにとらえていらしたのだろうか。それを私たちに垣間《かいま》見せてくれるエピソードが伝わっている。学習院軍事教官兼御用掛《ごようがかり》だった高杉善治《たかすぎぜんじ》氏の著書『天皇明仁の昭和史』（2006年ワック刊）に詳しい。

すでに日本の敗色は濃く、多くの日本国民が戦地への出兵はもとより、戦争によって家族を奪われ、家を焼かれ、食べるもののない苦しい生活を強いられていた昭和20年8月2日のこと。参謀本部の有末精三《ありすえせいぞう》中将が陛下のもとを訪れる。戦況の説明のためである。

その説明は「現在は日本軍が不利ではあるが、日本は必ず勝つ、本土決戦になっても最後は日本が勝つ」という趣旨であったという。それに対して、陛下はしばらく黙って説明をお聞きになっていたが、ひとつの質問をされた。

それは「なぜ、日本は特攻戦法をとらなければならないのか」という趣旨のご質問だったという。

予想外の問いに困惑した有末中将だったが、特攻戦法は日本人の性質にかなうものであり、物量で勝る敵に対しては効果的な攻撃であるという説明をした。

そして昭和20年8月15日。昭和天皇の玉音放送によって日本国民は敗戦を知る。日本のその後の運命が決定づけられたこの日、皇太子時代の陛下は作文を書かれているのである。陛下は玉音放送を、疎開先である奥日光の南間《なんま》ホテルでお聞きになったという。作文をお書きになったのは、その日の夜とされる。

その作文の存在は長く知られてはいなかったのだが、平成2年に出版された『側近日誌』（文藝春秋）の中で紹介されている。著者は戦後、侍従次長を務めた木下道雄《きのしたみちお》氏である。その木下氏の著作に『新日本の建設』と題された若き日の天皇陛下の作文が転写されていたのだ。
そのなかで陛下は、敗戦の悔しさを滲ませながらも、少年の視線で敗戦の原因にも言及されたうえで、これからの日本について綴《つづ》っておられる。

今までは、勝ち抜くための勉強、運動をして来ましたが、今度からは皇后陛下の御歌のやうに、つぎの世を背負って新日本建設に進まなければなりません。それも皆私の双肩にか丶つてゐるのです。それには先生方、傅育官《ふいくかん》（宮内省の教育係）のいふ事をよく聞いて実行し、どんな苦しさにもたへしのんで行けるだけのねばり強さを養ひ、もつともつとしつかりして明治天皇のやうに皆から仰がれるやうになつて、日本を導《みちび》いて行かなければならないと想ひます。

文中にある「皇后陛下の御歌」とは、前年12月、陛下のお誕生日に母君の香淳皇后が、全国の疎開学童を激励なさろうと詠まれた御製のことだ。
《つぎの世をせおふべき身ぞたくましくただしくのびよさとにうつりて》

次の世を背負う。逞《たくま》しく、正しく伸びる――このとき、天皇陛下は11歳8カ月である。すでにして次代の「帝王」を自覚され、同時に生真面目さ、責任感の強さがまっすぐに伝わってくる内容の作文といえよう。

美智子さまご自身も、戦時中の神奈川県藤沢《ふじさわ》市、栃木県館林《たてばやし》市、長野県軽井沢《かるいざわ》町での疎開生活、また戦後も複数回の転居を経験されている。平成26年の「お誕生日に際し」の文書のなかで、そうしたご経験の中で味わわれた焦燥感、疎外感について、結婚後、宮中で味わわれたそれと重ね合わせるように述懐されている。

戦後の日本は、小学生の子どもにもさまざまな姿を見せ、少なからぬ感情の試練を受けました。終戦後もしばらく田舎にとどまり、6年生の3学期に東京に戻りましたが、疎開中と戦後の3年近くの間に5度の転校を経験し、その都度進度の違う教科についていくことがなかなか難しく、そうしたことから、私は何か自分が基礎になる学力を欠いているような不安をその後も長く持ち続けて来ました。ずっと後になり、もう結婚後のことでしたが、やはり戦時下に育たれたのでしょうか、一女性の「知らぬこと多し母となりても」という下の句のある歌を新聞で見、ああ私だけではなかったのだと少しほっとし、作者を親しい人に感じました。

「日本人が忘れてはならない日」

「お慎《つつし》みの日」

日本において、戦争を実体験として知らない人たちが8割近くを占める現在、この言葉を知っている人はきわめて少ないだろう。

この言葉と、この日の天皇皇后両陛下のお過ごし方は、「先の大戦」、そしてその大戦によって尊い命を奪われ、また愛する家族を失った遺族の方たちへ寄り添われるお気持ちを表わすものなのだ。

両陛下は毎年、沖縄戦が終結した日の6月23日、広島へ原爆が投下された8月6日、長崎へ原爆が投下された8月9日、そして終戦の日である8月15日を「お慎みの日」とされ、黙禱を捧げられ、犠牲者を悼《いた》まれ、静かに過ごされる。

天皇陛下が「日本人が忘れてはならない日」として述べられたのは、皇太子時代の昭和56年8月7日に行なわれた記者会見の席でのことであった。

《**まもなく終戦記念日ですが、殿下は毎年この日にどんな感慨をお持ちでしょうか**》という記者の質問に対して、終戦記念日の意味を踏まえながら、こう答えておられる。


こういう戦争が二度とあってはいけないと強く感じます。そして、多くの犠牲者とその遺族のことを考えずにはいられません。日本では、どうしても記憶しなければならないことが四つあると思います。昨日の広島の原爆、それから明後日の長崎の原爆の日、そして6月23日の沖縄の戦いの終結の日、この日には黙禱を捧げて、今のようなことを考えています。そして平和のありがたさというものをかみしめ、また、平和を守っていきたいと思っています。

そして、これは子供達にも、ぜひ伝えていかなければならないことだと思っております。そのようなことが、子供達のために強く印象づけられるように努力していくつもりです。

宮内庁によれば、両陛下はご事情が許すかぎり、「お慎みの日」の外出はお控えになるという。事実、両陛下のご日程を見ると、この四つの日には「黙禱」の文字が並ぶ。「お慎みの日」を続けられる天皇陛下のお心が強く滲んだお言葉がある。

沖縄県では、沖縄島や伊江《いえ》島で軍人以外の多数の県民を巻き込んだ誠に悲惨な戦闘が繰り広げられました。沖縄島の戦闘が厳しい状態になり、軍人と県民が共に島の南部に退き、そこで無数の命が失われました。島の南端摩文仁《まぶに》に建てられた平和の礎《いしじ》には、敵、味方、戦闘員、非戦闘員の別なく、この戦いで亡くなった人の名が記されています。そこには多くの子供を含む一家の名が書き連ねられており、痛ましい気持ちで一杯になります。（中略）

先の大戦が終わってから54年の歳月が経《た》ち、戦争を経験しなかった世代が二代続いているところも多くなっています。戦争の惨禍を忘れず語り継ぎ、過去の教訓をいかして平和のために力を尽くすことは非常に大切なことと思います。
特に戦争によって原子爆弾の被害を受けた国は日本だけであり、その強烈な破壊力と長く続く放射能の影響の恐ろしさを世界の人々にもしっかりと理解してもらうことが、世界の平和を目指す意味においても極めて重要なことと思います。近年は広島、長崎を訪問する外国の賓客が多くなっていることは、その意味において意義深いことと考えます。

(平成11年11月10日、ご即位10年に際しての記者会見)

慰霊の旅

天皇陛下は、戦後50年（平成7年／1995年）の節目の年を前後するように、国内外各地の戦争犠牲者の霊を慰めるために「慰霊の旅」を始められた。以来、さまざまな施設を訪ねられた。

平成6年2月12日には、小笠原群島の硫黄《いおう》島を訪問された。硫黄島は昭和20年2月から

激戦地にて

平成６年２月、硫黄島をご訪問。「鎮魂の丘」の碑に献水される

1カ月以上に及んだ日本軍と米軍の戦いの末、日本軍が全滅した地である。この硫黄島を訪問された際には、国が設立した天山《てんざん》慰霊碑に拝礼され、碑に水を注がれ、白菊を供花された。さらに都が設立した鎮魂の丘へも行かれた。

翌年の平成7年7月26日には長崎市をご訪問。平和公園の平和祈念像前で供花され、翌27日には広島市の広島平和記念公園の慰霊碑に供花されている。そして続く8月2日には沖縄を日帰りで訪問され、糸満市摩文仁の丘の平和祈念公園にある国立沖縄戦没者墓苑でご供花。さらには翌日の8月3日、東京都墨田区の東京慰霊堂を訪問され、東京大空襲の犠牲者を追悼された。

さまざまなご公務をなさりながら、過密ともいえるご日程での「慰霊の旅」をお続けになる天皇皇后両陛下のお姿は、「先の戦争」に対して、そして犠牲者への深いお気持ちを示すものであろう。

その年、12月21日に行なわれた天皇陛下のお誕生日に際しての記者会見では、以下のようなお言葉で「慰霊の旅」へのお気持ちを示された。

今年は戦争が終わって50年という節目の年に当たり、戦争の災禍《さいか》の最も激しかった長崎、広島、沖縄、東京を訪れ、また、８月15日の戦没者追悼式に臨んで、戦禍に倒れた人々の上を思い、平和を願いました。また、今年は硫黄島やハバロフスクで慰霊祭が行われました。希望に満ちた人生に乗り出そうとしていた若い人々が戦争により、また、厳しい環境の中で病気により亡くなったことを深く哀惜の念に感じます。今日の日本がこのような犠牲の上に築かれたことを心に銘じ、これからの道を進みたいものと思います。

そして、戦後60年の平成17年（２００５年）６月には、天皇皇后両陛下は米自治領であるサイパンを訪問された。

すでに日本の敗色が漂《ただよ》っていた昭和19年６月15日から約３週間、本土防衛の最後の重要拠点としてサイパンを死守しようとする日本軍と、上陸を果たそうとする米軍との間に熾烈《しれつ》な戦闘が繰り広げられた。この戦闘で、日本軍兵士、米軍兵士、そして多くの民間人が犠牲となった。とりわけ、米軍に追い詰められた多くの日本の民間人が断崖《だんがい》から身を投げて自決を余儀なくされたことは、日本人の誰もが決して忘れてはならないことである。

幼い子どもを抱いたまま飛び降りる母親、子どもを突き落としてから身を投じる親もいた。

そのサイパンでの戦闘において、日本の軍人、軍属の戦死者および戦病死者は4万3000人と推定される。その数は、米軍が上陸した時点での日本軍の兵力とほぼ同数。1000人弱の兵士が捕虜などとして生き残ったにすぎない。生存率は2%である。そして民間人の犠牲者を含めると、その総数はおよそ5万5000人といわれる。

サイパンに到着された両陛下は、バンザイ・クリフとスーサイド・クリフを訪れられ、拝礼された。上陸した米軍からの降伏の呼びかけを拒《こば》み、多くの日本人民間人が自ら海へと身を投じた断崖である。その後、「中部太平洋戦没者の碑」、戦禍の犠牲となった現地人900人を慰霊する「マリアナ記念碑」、もうひとつの激戦地テニアン島で戦死した米軍兵士5000人を慰霊する「第二次世界大戦慰霊碑」を訪問され、拝礼された。

さらには、予定に記されていなかった「おきなわの塔」を訪れられた。この塔は沖縄が米国統治下にあった昭和43年(1968年)、当時の琉球《りゅうきゅう》政府が建立したものである。そして「韓国平和記念塔」も訪ねられ、拝礼された。

「心の重い旅」

この慰霊の旅に同行された美智子さまに、その年のお誕生日に際して、宮内記者会から質問がなされた。

《戦後60年の節目にあたる今年、両陛下は激戦地サイパンを慰霊訪問されました。今後、戦争の記憶とどのように向き合い、継承していきたいとお考えですか》

これに対して、美智子さまは文書で以下のように答えられた。

陛下は戦後49年の年に硫黄島で、50年に広島、長崎、沖縄、東京で、戦没者の慰霊を行われましたが、その当時から、南太平洋の島々で戦時下に亡くなられた人々のことを、深くお心になさっていらっしゃいました。外地のことであり、なかなか実現に至りませんでしたが、戦後60年の今年、サイパン訪問への道が開かれ、年来の希望をお果たしになりました。

サイパン陥落は、陛下が初等科5年生の時であり、その翌年に戦争が終りました。私は陛下の1年下で、この頃の1歳の違いは大きく、陛下がかなり詳しく当時の南方の様子を記憶していらっしゃるのに対し、私はラバウル、パラオ、ペリリュウ等の地名や、南洋庁、制空権、玉砕等、わずかな言葉を覚えているに過ぎません。それでもサイパンが落ちた時の、周囲の大人たちの動揺は今も記憶にあり、恐らく陛下や私の世代が、当時戦争の報道に触れていた者の中で、最年少の層に当たるのではないかと思います。そのようなことから、私にとり戦争の記憶は、真向かわぬまでも消し去ることの出来ないものであり、戦争をより深く体験した年上の方々が次第に少なくなられるにつれ、続く私どもの世代が、戦争と平和につき、更に考えを深めていかなければいけないとの思いを深くしています。

まずサイパンご訪問について、このようにお気持ちを述べられた。そのうえで、「戦争の記憶の継承」に関し、以下のようにお言葉を継がれている。

経験の継承ということについては、戦争のことに限らず、だれもが自分の経験を身近な人に伝え、また、家族や社会にとって大切と思われる記憶についても、これを次世代に譲り渡していくことが大事だと考えています。今年の夏、陛下と清子と共に、満蒙《まんもう》開拓の引揚者が戦後那須の原野を開いて作った千振《ちふり》開拓地を訪ねた時には、ちょうど那須御用邸に秋篠宮と長女の眞子も来ており、戦中戦後のことに少しでも触れてほしく、同道いたしました。

天皇陛下の「先の大戦」へのお気持ちに対しての、美智子さまのお心が滲み出たお言葉である。この栃木県の那須御用邸近くにある、戦後満州などから帰国した人々が入植した開拓地には、両陛下は何度もお出かけになり、ご交流を積み重ねてこられた。

また、天皇陛下もその年、お誕生日前の記者会見で、あらためてサイパンご訪問と慰霊の旅について、および次世代への継承についてのお気持ちを述べられている。

先の大戦では非常に多くの日本人が亡くなりました。全体の戦没者310万

人の中で外地で亡くなった人は240万人に達しています。（中略）
昭和19年6月15日、米軍がサイパン島へ上陸してきた時には日本軍は既に制海権、制空権を失っており、大勢の在留邦人は引き揚げられない状態になっていました。このような状況下で戦闘が行われたため、7月7日に日本軍が玉砕するまでに、陸海軍の約4万3千人と在留邦人の1万2千人の命が失われました。軍人を始め、当時島に在住していた人々の苦しみや島で家族を亡くした人々の悲しみはいかばかりであったかと計り知れないものがあります。この戦闘では米軍にも3500人近い戦死者があり、また900人を超えるサイパン島民が戦闘の犠牲になりました。またこの戦闘では朝鮮半島出身の人々も命を落としています。この度の訪問においては、それぞれの慰霊碑にお参りし、多くの人々が身を投じたスーサイド・クリフとバンザイ・クリフを訪れ、先の大戦において命を落とした人々を追悼し、遺族の悲しみに思いを致しました。
61年前の厳しい戦争のことを思い、心の重い旅でした。ただ、高齢のサイパン島民にはかつて日本の移住者が島民のために尽くしたことを今も大切に思っ

美しい島の悲しい歴史

ペリリュー島の「西太平洋戦没者の碑」にご供花(平成27年4月9日)

ている人がいることはうれしいことでした。私どもが島民から温かく迎えられた陰にはかつての移住者の努力があったことと思われます。

(平成17年12月19日)

「心の重い旅」という天皇陛下のお言葉に、「先の大戦」の悲劇へのお気持ちの深さが滲み出ているように思えてならない。父君である昭和天皇の戦前から戦中、そして戦後のお立場とご苦労を考えれば、それは、おそらくわれわれには計り知れないほどの深さであることだけは間違いない。

この年、美智子さまが詠まれた御歌がある。

いまはとて島果てぬ崖《がけ》踏みけりしみなの足裏《あうら》思えば悲し

バンザイ・クリフに立たれて、美智子さまの胸中はいかばかりであっただろうか。

「船中でのご宿泊」さえお受け入れに

天皇皇后両陛下は「慰霊の旅」をさらにお続けになった。
平成27年、日本人兵士約1万人、米軍兵士約2000人が命を落とし、多くの負傷者を出した激戦の地、現在のパラオ共和国のペリリュー島をご訪問になった。この年の4月8日、パラオご訪問にあたって、天皇陛下は以下のようなお言葉を述べられている。

――パラオ共和国は、ミクロネシア連邦、マーシャル諸島共和国と共に、第一次世界大戦まではドイツの植民地でしたが、戦後、ヴェルサイユ条約及び国際連盟の決定により、我が国の委任統治の下に置かれました。（中略）

終戦の前年には、これらの地域で激しい戦闘が行われ、幾つもの島で日本軍が玉砕しました。この度訪れるペリリュー島もその一つで、この戦いにおいて日本軍は約1万人、米軍は約1700人の戦死者を出しています。太平洋に浮かぶ美しい島々で、このような悲しい歴史があったことを、私どもは決して忘れてはならないと思います。

4月9日、ペリリュー島を訪問された天皇皇后両陛下は、太平洋を背景にして建てられている「西太平洋戦没者の碑」に日本から持参された白菊をご供花、深々と拝礼され、犠牲者を追悼された。さらに、碑の背後に見えるアンガウル島に向かって深く拝礼された。この島は日本人兵士1200人が玉砕した激戦地である。

戦没者の碑は昭和60年に日本政府が建立《こんりゅう》したものである。平成24年の大型台風で破損したが、両陛下のご訪問前に修復がなされた。碑文には《さきの大戦において西太平洋の諸島及び海域で戦没した人々をしのび平和への思いをこめてこの碑を建立する》と刻まれている。

碑のかたわらには、この島での熾烈な戦いの生存者である元日本兵が両陛下をお待ちしていた。両陛下はアンガウル島に拝礼の後、高齢となった生存者の方々にお声をかけられ、あらためてその労苦をねぎらわれた。その両陛下のお姿はテレビのニュース映像をはじめ、新聞、雑誌が写真とともに報じた。

この旅で、天皇皇后両陛下は島沖合に停泊した海上保安庁の巡視船「あきつしま」に宿泊された。パラオ国際空港のあるパラオ中心部には、設備の整ったホテルもなく、警備陣の数もかぎられている。さらにペリリュー島までは、ヘリコプターで移動することを考慮されてのものである（Ｐ161の写真）。

当初は、そうした問題を踏まえて宮内庁サイドも、ご訪問の実現は難しいという判断であったのだが、船内での宿泊であってもぜひ訪問したいという天皇陛下の強いご要望を受けての実現だった。

このことは、慰霊への陛下のお心を考えるうえで、特筆すべきことだろう。

北のパラオ

この前日の４月８日、パラオ共和国主催の晩餐会が開かれた。その席で、陛下はメンゲサウ大統領の歓迎の挨拶へのご答辞を述べられた後、晩餐会に同席したミクロネシア連邦大統領夫妻、マーシャル諸島共和国大統領へのお言葉、訪問前にミクロネシア連邦を襲った大型台風で犠牲となった人々への追悼のお言葉、遺族へのお悔やみのお言葉を述べられた。そして、こう続けられた。

先の戦争においては、貴国を含むこの地域において日米の熾烈な戦闘が行われ、多くの人命が失われました。日本軍は貴国民に、安全な場所への疎開を勧める等、貴国民の安全に配慮したと言われておりますが、空襲や食糧難、疫病《えきびょう》による犠牲者が生じたのは痛ましいことでした。ここパラオの地において、私どもは先の戦争で亡くなったすべての人々を追悼し、その遺族の歩んできた苦難の道をしのびたいと思います。

また、私どもは、この機会に、この地域の人々が、厳しい戦禍《せんか》を体験したにもかかわらず、戦後に慰霊碑や墓地の管理、清掃、遺骨の収集などに尽力されたことに対して心から謝意を表します。

このパラオ訪問について天皇陛下は、その年（平成27年）のお誕生日に際しての記者会見で、戦後70年であることを踏まえ、また異なる角度、異なる表現でお気持ちを述べられた。

この節目の年に当たり、かつて日本の委任統治領であったパラオ共和国を皇后と共に訪問し、ペリリュー島にある日本政府の建立した西太平洋戦没者の碑と米国陸軍第81歩兵師団慰霊碑に供花しました。（中略）この戦没者の碑の先にはアンガウル島があり、そこでも激戦により多くの人々が亡くなりました。（中略）空から見たパラオ共和国は珊瑚礁《さんごしょう》に囲まれた美しい島々からなっています。しかし、この海には無数の不発弾が沈んでおり、今日、技術を持った元海上自衛隊員がその処理に従事しています。危険を伴う作業であり、この海が安全になるまでにはまだ大変な時間のかかることと知りました。先の戦争が、島々に住む人々に大きな負担をかけるようになってしまったことを忘れてはならないと思います。

パラオ訪問の後、夏には宮城県の北原尾《きたはらお》、栃木県の千振、長野県の大日向《おおひなた》と戦後の引揚者が入植した開拓の地を訪ねました。外地での開拓で多大な努力を払った人々が、引き揚げの困難を経《へ》、不毛に近い土地を必死に耕し、家畜を飼い、生活を立てた苦労がしのばれました。北原尾は、北のパラオという意味で、パラオから引き揚げてきた人々が入植したところです。

戦争が終わった後も、戦争が残した負の遺産の処理に励む人々、戦争によって過酷な試練にさらされつつも、それを克服すべく奮闘する人々にお心を寄せられる天皇陛下のお気持ちが、このお言葉から伝わってくる。

「死者は別れた後も長く共に生きる人々」

また、美智子さまもこの戦後70年のお誕生日に際し、このご訪問について触れられ、次のようなお気持ちを文書にされた。

先の戦争終結から70年を経、この1年は改めて当時を振り返る節目の年でもありました。終戦を迎えたのが国民学校の5年の時であり、私の戦争に関する知識はあくまで子どもの折の途切れ途切れの不十分なものでした。こうした節

巡視船からの上陸

ペリリュー島へは海上保安庁の巡視船からヘリコプターで移動された

目の年は、改めて過去を学び、当時の日本や世界への理解を深める大切な機会と考えられ、そうした思いの中で、この1年を過ごしてまいりました。

平和な今の時代を生きる人々が、戦時に思いを致すことは決して容易なことではないと思いますが、今年は私の周辺でも、次世代、またその次の世代の人々が、各種の催しや展示場を訪れ、真剣に戦争や平和につき考えようと努めていることを心強く思っています。先頃、孫の愛子と二人で話しておりました折、夏の宿題で戦争に関する新聞記事を集めた時、原爆の被害を受けた広島で、戦争末期に人手不足のため市電の運転をまかされていた女子学生たちが、爆弾投下4日目にして、自分たちの手で電車を動かしていたという記事のことが話題になり、ああ愛子もあの記事を記憶していたのだと、胸を打たれました。若い人たちが過去の戦争の悲惨さを知ることは大切ですが、私は愛子が、悲しみの現場に、小さくとも人々の心を希望に向ける何らかの動きがあったという記事に心を留めたことを、嬉しく思いました。

今年、陛下が長らく願っていらした南太平洋のパラオ御訪問が実現し、日本の委任統治下で１万余の将兵が散華《さんげ》したペリリュー島で、御一緒に日米の戦死者の霊に祈りを捧げることが出来たことは、忘れられない思い出です。かつてサイパン島のスーサイド・クリフに立った時、３羽の白いアジサシがすぐ目の前の海上をゆっくりと渡る姿に息を呑《の》んだことでしたが、この度も海上保安庁の船、「あきつしま」からヘリコプターでペリリュー島に向かう途中、眼下に、その時と同じ美しい鳥の姿を認め、亡くなった方々の御霊《みたま》に接するようで胸が一杯になりました。

戦争で、災害で、志《こころざし》半ばで去られた人々を思い、残された多くの人々の深い悲しみに触れ、この世に悲しみを負って生きている人がどれ程多く、その人たちにとり、死者は別れた後も長く共に生きる人々であることを、改めて深く考えさせられた１年でした。

死者は、別れてもなおともに生きる人々——美智子さまの慈しみの深さに思いを馳《は》せずにはいられない。

現在につながる「先の大戦」

平成28年、天皇陛下はフィリピンご訪問を果たされた。このご訪問自体は、天皇皇后両陛下のご年齢やお身体へのご負担を考えれば、海外への「慰霊の旅」の最終段階ともいえるのではないだろうか。1月28日、ご訪問に際して、以下のようなお言葉を残された。

フィリピンでは、先の戦争において、フィリピン人、米国人、日本人の多くの命が失われました。中でもマニラの市街戦においては、膨大な数に及ぶ無辜《むこ》のフィリピン市民が犠牲になりました。私どもはこのことを常に心に置き、この度の訪問を果たしていきたいと思っています。

旅の終わりには、ルソン島東部のカリラヤの地で、フィリピン各地で戦没した私どもの同胞の霊を弔《とむら》う碑に詣《もう》でます。

戦前、日本の占領下にあったフィリピン各地では、大戦末期の昭和19年から終戦にいたるまで、日本軍と米軍の戦闘が展開され、太平洋戦争最大の戦場といわれている。100

太平洋戦争最大の戦場

フィリピンご訪問。「比島戦没者の碑」に供花される（平成28年1月29日）

万人を超えるフィリピン人が犠牲となり、日本人も約51万8000人が犠牲になったとされる。

このフィリピンご訪問は、フィリピンのベニグノ・アキノ大統領（当時）の招待によって実現したが、両陛下にとっては「慰霊の旅」のお気持ちが色濃いものであったことは間違いない。

両陛下は、まず初めにフィリピン人の戦没者を悼む「無名戦士の墓」をお訪ねになり供花、拝礼された。

そして日本政府が建立した日本人戦没者を悼む「比島戦没者の碑」に供花、拝礼された。この日本側の慰霊碑のある「カリラヤ日本人戦没者慰霊園」は、フィリピン人の戦時下から戦後にかけての反日感情も考慮され、マニラから約70キロ南東の避暑地、カリラヤの山の上に造られている。両陛下は交通の混乱も避けるため、ヘリコプターで移動された。「マニラ近郊は交通渋滞も激しく、日本人が慰霊に行くには、かなり不便なところです」とマニラ在住の日本人は話していた。

1月27日の「フィリピン大統領閣下主催晩餐会」において、天皇陛下は大統領への答礼に次いで、日本とフィリピンの歴史的関係などに詳細に言及された後、こう続けられた。

昨年私どもは、先の大戦が終わって70年の年を迎えました。この戦争においては、貴国の国内において日米両国間の熾烈な戦闘が行われ、このことにより貴国の多くの人が命を失い、傷つきました。このことは、私ども日本人が決して忘れてはならないことであり、この度の訪問においても、私どもはこのことを深く心に置き、旅の日々を過ごすつもりでいます。

また、美智子さまはこの年のお誕生日に際し、フィリピンご訪問について、次のように文書で述べられている。

今年1月にはフィリピンの公式訪問がありました。アキノ大統領の手厚いおもてなしを受け、この機会に先の大戦におけるフィリピン、日本両国の戦没者の慰霊が出来たことを、心から感謝しています。戦時小学生であった私にも、モンテンルパという言葉は強く印象に残るものでしたが、この度の訪問を機に、戦後キリノ大統領が、筆舌に尽くし難い戦時中の自身の経験にもかかわらず、憎しみの連鎖を断ち切るためにと、当時モンテンルパに収容されていた日本人戦犯105名を釈放し、家族のもとに帰した行為に、改めて思いを致しました。

天皇陛下、そして美智子さまが「先の大戦」についてお気持ちを表わされるとき、われわれが忘れてならないことがある。

それは、戦時においてどのような出来事が起こったかということばかりではなく、いまも戦争を体験した人々の胸に残る、言葉にしたくないほどの深い爪痕《つめあと》に対して寄り添われるお心である。

天皇皇后両陛下にとって、「先の大戦」はつねに「いま」とつながっているということなのである。

両陛下の戦争に対するさまざまなお考えに触れる機会を、私たちはたびたび得てきた。

大統領のお辞儀

皇居での昼食会に招かれたオバマ大統領（平成21年11月14日）

戦争の悲劇は、けっして消え去るものでもなく、風化させてはならないものである。平和を希求する姿勢とは単に犠牲者を追悼するだけではなく、今日を生きている人たちが、未来に向けてどう生きるのか。それが問われているのではないか――。

天皇陛下は、そのようなことを語りかけられているように感じられる。そして、そのことこそが、日本国憲法下の「象徴」としての重要な務めのひとつと考えておられるのではないだろうか。

戦争の記憶を風化させない強いお気持ち

天皇陛下は、戦時中、敵国として戦火を交えた国々の要人を国賓として迎えられた際のお言葉でも「先の大戦」について触れられる。

平成26年4月24日、来日したオバマ米大統領（前ページ写真）を招いての宮中晩餐会において、戦争への思いを語られている。

この度、アメリカ合衆国大統領バラック・オバマ閣下が、国賓として我が国を御訪問になりましたことを心から歓迎いたします。ここに今夕を共に過ごしますことを、誠に喜ばしく思います。

冒頭に歓迎のお言葉を述べられた後、アメリカとの戦争の歴史、支援にも言及されたのである。

貴国と我が国の両国民は、先の戦争による痛ましい断絶を乗り越え、緊密な協力関係を築きました。両国民が来し方を振り返り、互いの理解を一層深め、相携えて進んでいくことを願ってやみません。

こうした天皇陛下の思いは、アメリカ合衆国との戦争だけにとどまらない。多くの日本人の記憶のなかから消えてしまいそうな他国との戦争の歴史にも、細やかなお心配りを示される。

この度、ウィレム・アレキサンダー国王陛下が、マキシマ王妃陛下と共に、国賓として我が国を御訪問になりましたことに対し、心から歓迎の意を表します。（中略）

このように長きにわたって培《つちか》われた両国間の友好関係が、先の戦争によって損なわれたことは、誠に不幸なことであり、私どもはこれを記憶から消し去ることなく、これからの二国間の親善に更なる心を尽くしていきたいと願ってい

恩名村の景勝地「万座毛」(まんざもう)を散策される(平成24年11月)

糸満市の国立沖縄戦没者墓苑で白菊を供えられた(平成30年3月)

沖縄と天皇陛下

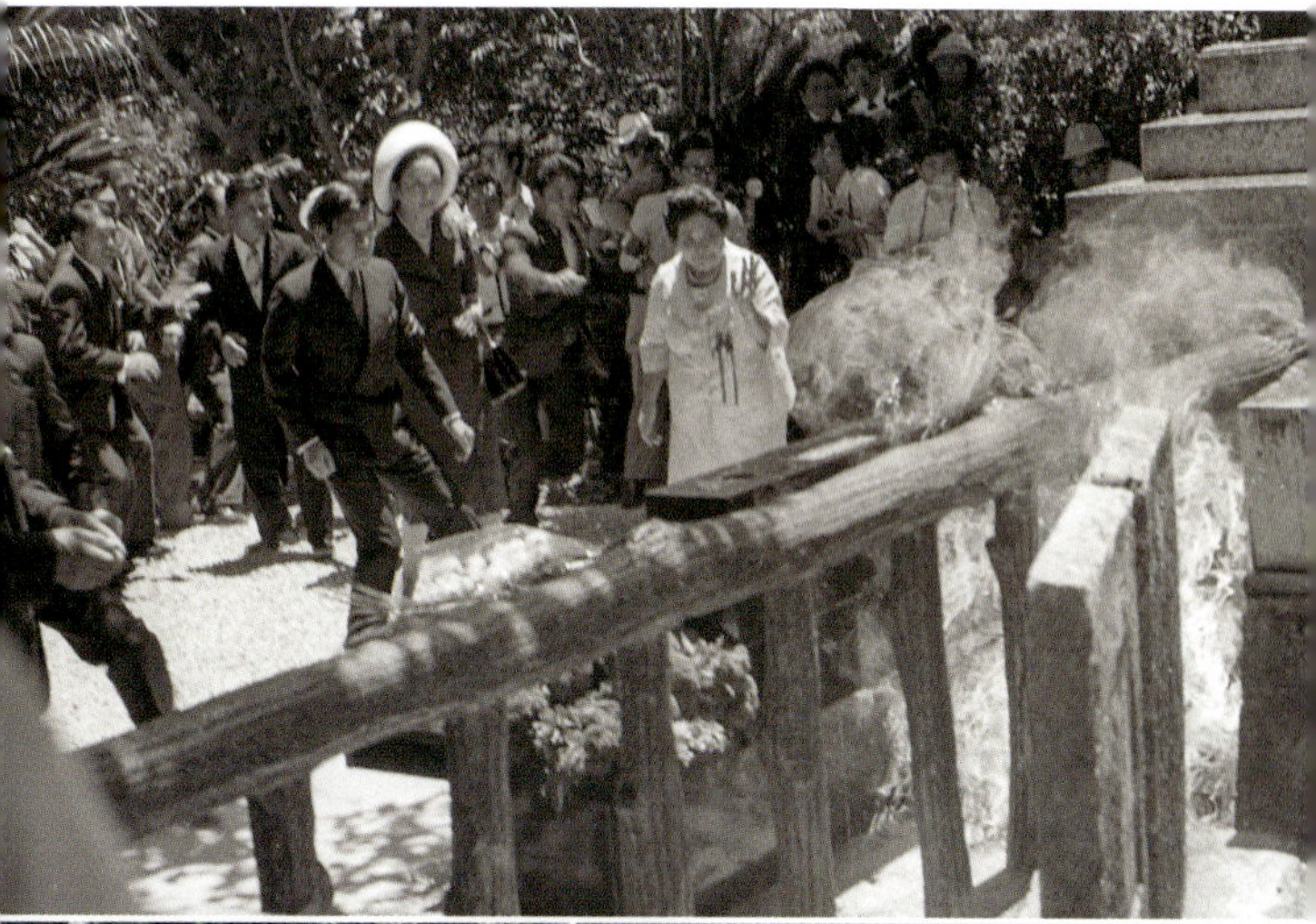

昭和50年7月17日、「ひめゆりの塔」で供花される両陛下(当時は皇太子ご夫妻)に火炎瓶が投げつけられ、黒煙が上がった(上)事件から18年後の平成5年、天皇皇后として初めての沖縄ご訪問が実現。両陛下は事件現場(左)、ひめゆり平和祈念資料館(右)へ

ます。

これは、平成26年10月29日に開かれた、オランダのウィレム・アレキサンダー国王とマキシマ王妃が来日した際の宮中晩餐会でのお言葉である。

先の大戦において、日本軍は石油をはじめとする資源獲得のために、当時、オランダ領であった現在のインドネシアに進攻し、オランダ軍と戦火を交えた歴史がある。

その結果、オランダ人を含む多数の兵士、民間人を捕虜にし、その兵士の一部は日本に送られ長崎の捕虜収容所に収監された。その後、アメリカ軍の長崎への原爆投下により、オランダ人捕虜が被爆したという悲惨な歴史がある。こうしたことから戦後、捕虜虐待などの容疑で、多くの日本人軍人がＢＣ級戦犯として処刑されている。

天皇陛下は、戦後70年以上を経てもなお、記憶から消し去ってはならないこととして、戦争への反省と平和を希求する思いを、お言葉で示されたのである。

天皇としての初めての沖縄ご訪問

天皇陛下の平和を希求されるお気持ちを考えるとき、戦前、そして戦後の沖縄がたどった道を抜きにして語ることは決してできないだろう。

陛下が天皇としてのお立場で沖縄を初めてご訪問になったのは、平成5年4月のこと。第44回全国植樹祭へのご臨席のため、美智子さまとともに4日間の日程でのご訪問だった。皇太子時代には5度のご訪問をなさっているが、即位されて5年目の訪問が初めてとなった。

天皇陛下は、訪れた沖縄平和祈念堂で次のようなお言葉を述べられた。

即位後、早い機会に、沖縄県を訪れたいという念願がかない、今日から4日間を沖縄県で過ごすことになりました。到着後、国立戦没者墓苑に詣で、多くの亡くなった人々をしのび、遺族の深い悲しみに思いを致しています。

先の戦争では実に多くの命が失われました。なかでも沖縄県が戦場となり、住民を巻き込む地上戦が行われ、20万の人々が犠牲となったことに対し、言葉に尽くせぬものを感じます。ここに、深く哀悼の意を表したいと思います。

戦後も沖縄の人々の歩んだ道は、厳しいものがあったと察せられます。そのような中で、それぞれの痛みを持ちつつ、郷土の復興に立ち上がり、今日の沖縄を築き上げたことを深くねぎらいたいと思います。（中略）

沖縄県民を含む国民とともに、戦争のために亡くなった多くの人々の死を無にすることなく、常に自国と世界の歴史を理解し、平和を念願し続けていきたいものです。

遺族の皆さん、どうかくれぐれも健康に留意され、元気に過ごされるよう願っています。

天皇陛下の沖縄に寄せる思いは深い。

なぜなら、沖縄ご訪問は父・昭和天皇が果たせなかった悲願だったからである。即位後初めての沖縄ご訪問における感慨は、そうした経緯を踏まえてのものだったのである。

時代を遡って、陛下の沖縄ご訪問への感慨の理由を考えてみよう。

昭和62年（1987年）秋、沖縄では国体が開催されることになっていた。その開会式のご出席に向けて、昭和天皇の沖縄ご訪問の準備は水面下で着々と進められていた。そして、その年の4月の天皇誕生日にあたっての会見で、昭和天皇はこう述べられた。

《念願の沖縄訪問が実現することになったならば、戦没者の霊を慰め、長年の県民の労苦をねぎらいたい》

だが、9月に入って昭和天皇は体調を崩された。腸の手術を受けられてすぐ、昭和天皇の沖縄ご訪問中止は決定された。名代として臨席されたのが天皇陛下（当時は皇太子）である。それでも昭和天皇は、翌年の春に訪問されることを希望なさったという。だが、その思いはついにかなうことはなかった。

このときの心情を昭和天皇は、御製に残されている。

《思はざる病となりぬ沖縄をたづねて果たさむつとめありしを》

天皇として初めて沖縄を訪問された平成5年の植樹祭には、大きな意味があった。このころ、地球の環境問題が急にクローズアップされつつあり、植樹祭では「育てよう　地球

の緑　豊かな緑」が大会のスローガンになっていた。しかし、この植樹祭は、単に緑化運動の推進を意味するものではなかったのだ。

沖縄における全国植樹祭は、「先の大戦」と深く関わる大きな別の意味があったのである。

植樹祭会場の糸満市米須《こめす》地区（摩文仁の丘のすぐ近く）は、昭和20年に米軍との地上戦となった沖縄戦の激闘が繰り広げられた地なのである。地域の住民約1500人のうち、生き残ったのはわずかに110人。激しい艦砲射撃で焼き尽くされ焦土と化したこの地には、戦後47年を経ても、木が生えないのだといわれていた。

この悲惨な歴史が刻まれた摩文仁の丘に立たれた天皇陛下は、約1万人の参加者を前に静かにお言葉を述べられた。

残念なことに、先の戦争でこの森林が大きく破壊されました。多くの尊い命が失われた、ここ糸満市では、森林が戦火によってほとんど消え去りました。戦後、県民の努力により、森林を守り育てる様々な運動が進められていることを誠に心強く感じております。
　この度の植樹祭は、沖縄の復帰20周年記念事業として位置付けられており、戦争により焦土と化したこの地域において行われることを、非常に意義深いことと思います。

　昭和62年、ご療養中だった昭和天皇の名代として沖縄国体開会式に出席された陛下だったが、その1年あまり後に昭和の時代は終わった。平成の御世《みよ》となって5年、沖縄の植樹祭でのご挨拶のお言葉は、昭和天皇の無念の思いを代弁されていたのかもしれない。

唯一の地上戦が繰り広げられた沖縄への思い

　天皇陛下はしばしば、沖縄について言及される。

　沖縄は、先の大戦で地上戦が行われ、大きな被害を受けました。沖縄本島の島民の3分の1の人々が亡くなったと聞いています。さらに、日本と連合国との平和条約が発効し、日本の占領期間が終わった後も、20年間にわたって米国の施政権下にありました。このような沖縄の歴史を深く認識することが、復帰に努力した沖縄の人々に対する本土の人々の務めであると思っています。

戦後50年を経、戦争を遠い過去のものとしてとらえている人々が多くなった今日、沖縄を訪れる少しでも多くの人々が、さんご礁に囲まれた島と美しい海で大勢の人々の血が流された沖縄の歴史に思いを致すことを願っています。

平成8年（1996年）のお誕生日の記者会見で述べられたお言葉である。

このとき、天皇陛下が沖縄のことに言及された背景には、沖縄での痛ましい事件がある。この前年の平成7年に起きた、沖縄県に駐留する米海兵隊員による少女への暴行事件である。この事件を受けて、当時、沖縄では連日、多くの県民が集会を開き抗議の声を挙げていた。

この年10月21日、宜野湾《ぎのわん》市で当時の大田昌秀《おおたまさひで》沖縄県知事も参加した大規模な県民総決起大会が開かれ、8万5000人（主催者発表）の県民が参加した。

豆記者との交流

沖縄の豆記者と琉球舞踊をご覧に(昭和40年8月)。中央は浩宮さま

日米地位協定によって、日本側の事件の捜査、被疑者の取り調べ、被疑者の拘束は、厚い壁に阻《はば》まれたまま実行されることはなかった。平成となって戦後50年が過ぎても、そうした現実への沖縄県民の怒りが膨《ふく》れ上がったのである。

沖縄が置かれた現実がそこにあった。「先の大戦」における沖縄戦は国内で唯一の地上戦である。軍人ではない多くの県民が戦闘に巻き込まれ死んでいった。敗戦後、連合国による7年間の日本占領後も沖縄はアメリカの統治下に置かれ、沖縄県が本土に復帰したのはそれから20年後の昭和47年(1972年)のことだった。

陛下は平成8年の記者会見で、以下のよ

うに続けられた。

沖縄の問題は、日米両国政府の間で十分に話し合われ、沖縄県民の幸せに配慮した解決の道が開かれていくことを願っております。

お言葉は少なかったが、天皇陛下の胸中にどんな思いがよぎっていたのだろうか。そして陛下は、いつのころから沖縄にお気持ちを寄せられるようになったのだろうか。

昭和38年（1963年）、当時皇太子だった天皇陛下は「第一次沖縄豆記者本土訪問団」とお会いになった。

「豆記者」とは、沖縄と本土の中学校の新聞部員を対象に行なわれた交歓会のメンバーのことで、沖縄の生徒が本土を、本土の生徒が沖縄を訪ね、相互に見聞を広め親睦を深めることが目的で発足したものだ。

それ以来、皇太子時代の陛下は美智子さまとともに、毎年のように豆記者との交流を重ね、現在は皇太子ご夫妻が交流を引き継がれている。「**この豆記者との出会いが沖縄に深い関心を寄せられるきっかけになった**」と陛下は述べられたことがある。

昭和41年（1966年）、全国小中学生100万人の呼びかけで集まった資金を元に「沖縄少年会館」が那覇市に建設された折に、陛下は辞書などの図書とお子さま方が使われた幻灯機を寄贈されたりもした。そうしたなさりようは、陛下のご意志なのか、公にされることはなかったが、つねに静かに沖縄との交流を深めてこられたのである。

そして昭和50年、陛下は初めて沖縄の地を踏まれた。

沖縄海洋博覧会の名誉総裁として、美智子さまとともに開会式に出席されたのだった。しかし、戦後30年を経ていたとはいえ、県民にはなお複雑な感情が残っていた。

《石ぐらい投げられてもいい――》

ご訪問の直前、天皇陛下はお心に強く誓われた。

そして訪問された糸満市。沖縄の慰霊の象徴である「ひめゆりの塔」での供花の際、塔の下に隠れていた過激派が火炎瓶を投げつけるという事件が起きた（P173上の写真）。幸い、事なきをえたが、その夜、陛下は次のようなメッセージを発表されたのである。

私たちは沖縄の苦難の歴史を思い、沖縄戦における県民の傷を深く省《かえり》み、平

和への願いを未来につなぎ、ともどもに力をあわせて努力していきたいと思います。

払われた尊い犠牲は、一時の行為や言葉によってあがなえるものではなく、人々が長い年月をかけて、これを記憶し、一人ひとりの内省の中にあって、この地に心を寄せつづけていくことをおいて考えられません。

天皇陛下のメッセージは沖縄県民の心に響いたが、多くの人の戦争の傷を癒すにはまだまだ時間が必要だったのである。そしてその後も、昭和51年（1976年）、昭和58年、昭和60年には2度（一度は昭和天皇の名代として）と、皇太子時代に沖縄を訪問されている。

『歌声の響』が流れた日

昭和50年の皇太子ご夫妻時代の沖縄ご訪問は、初めての沖縄というだけでなく、天皇皇后両陛下にとって、特別な「祈り」の旅でもあった。

そのご日程には、名護《なご》市にある国立ハンセン病療養所「沖縄愛楽園《あいらくえん》」へのご訪問が組み込まれていた。第2章でも記したが、ハンセン病に苦しむ患者は長い間、世間の偏見と差別の中で生きてきた人たちだった。その人たちに対する歴代の皇后たちの祈りは、美智子さまへ受け継がれてきた。天皇陛下と美智子さまは、平成26年、全国に14カ所あるすべてのハンセン病療養所の入所者との面談を果たされた。46年という歳月をかけてのものである。

ライフワークともいえる両陛下のハンセン病療養所へのお見舞い。入所者の一人ひとりとお声を交わされる天皇陛下。跪《ひざまず》き、頬《ほお》を近づけるようにして高齢の入所者に語りかける美智子さま。

愛楽園からの帰り際、見送る入所者たちの口から漏れてきた歌声に、両陛下は足を止められた。その歌は沖縄民謡の「だんじよかれゆし」。船出を祝う歌だという。

陛下は後に、そのときの光景を「琉歌《りゅうか》」と呼ばれる8・8・8・6の30音で構成される琉球の定型詩に詠まれた。

《だんじよかれゆしの　歌声の響

見送る笑顔　目にど残る》
（私たちの旅の安全を願う「だんじよかれゆし」の歌が響きます。
見送ってくれた人たちの笑顔が、いつまでも目に残っています）

《だんじよかれゆしの　歌や湧上《わきあ》がたん
ゆうな咲きゆる島　肝に残て》
（私たちが立ち去ろうとすると、だんじよかれゆしの歌声がわき上がりました。
ゆうなの花が美しく咲いている島の人々のことが、いつまでも心に残っています）

※訳は沖縄大学・宮田裕氏の解説を参考にした

天皇陛下が詠まれた詩に、美智子さまが曲をおつけになった。『歌声の響』と名付けられたこの曲が披露されたのは、平成26年7月、天皇陛下の80歳の傘寿《さんじゅ》をお祝いする皇宮警察のコンサートでのことだった。沖縄民謡独特のリズムと音階に、まるで真っ青な沖縄の海を漂っているかのようなイメージが湧いてきた。また「天皇陛下御在位二十年記念式典」で、沖縄出身の歌手三浦大知《みうらだいち》さんが両陛下を前にこの曲を独唱したことは記憶に新しい。

お言葉の変化

天皇陛下は戦後70年にあたる平成27年1月、「ご感想（新年に当たり）」を述べられた。そのなかで、われわれが注目すべきことがある。

本年は終戦から70年という節目の年に当たります。多くの人々が亡くなった戦争でした。各戦場で亡くなった人々、広島、長崎の原爆、東京を始めとする各都市の爆撃などにより亡くなった人々の数は誠に多いものでした。この機会に、満州事変に始まるこの戦争の歴史を十分に学び、今後の日本のあり方を考えていくことが、今、極めて大切なことだと思っています。

この1年が、我が国の人々、そして世界の人々にとり、幸せな年となることを心より祈ります。

いつもとお変わりない穏《おだ》やかなお顔で静かに述べられたのだが、《**この機会に、満州事変に始まるこの戦争の歴史を十分に学び**》以下のお言葉は、異例なご発言だったと多くの人々が感じたはずである。

天皇陛下に「お言葉の変化」があったと、われわれは胸に留めておかなければならないだろう。

そして平成28年、ご即位以来、毎年欠かさずご参列になる終戦記念日の「全国戦没者追悼式」においても、お言葉に「変化」が見られた。

本日、「戦没者を追悼し平和を祈念する日」に当たり、全国戦没者追悼式に臨み、さきの大戦において、かけがえのない命を失った数多くの人々とその遺族を思い、深い悲しみを新たにいたします。

終戦以来既に71年、国民のたゆみない努力により、今日の我が国の平和と繁栄が築き上げられましたが、苦難に満ちた往時をしのぶとき、感慨は今なお尽きることがありません。

機内にて

ご訪問先のベトナムの地図をご覧になり、歓談される（平成29年2月）

ここに過去を顧み、深い反省とともに、今後、戦争の惨禍が再び繰り返されないことを切に願い、全国民と共に、戦陣に散り戦禍に倒れた人々に対し、心から追悼の意を表し、世界の平和と我が国の一層の発展を祈ります。

「お言葉の変化」とは《**深い反省とともに**》の一節である。

天皇陛下がこの年、初めて加えられた「深い反省とともに」の一節を、われわれはどう考えるべきなのだろうか。

そのお気持ちを考えるにつけ、われわれ日本人は、この「先の大戦」が「先の先の大戦」にならぬよう心して生きていかねばならないと強く感じるのである。

平成29年（2017年）2月28日から3月6日のご日程で、天皇陛下は美智子さまとご一緒にベトナムを公式訪問され、続けてタイに、プミポン前国王の弔問にお立ち寄りになって帰国された。

このベトナムご訪問中、天皇陛下は美智子さまとご一緒に、太平洋戦争中にベトナムに駐留した日本人兵士の妻と子どもたち、家族にお会いになった。

戦争中、ベトナムに駐留していた日本人兵士の一部、約600人が戦後、フランスから独立を目指すベトナムに残り、ベトナムの兵士たちの教育をし、ベトナムの独立のためフランス軍と戦った。新日本人として市民権を得ていた元日本軍兵士は、ベトナム人女性と結婚し、子どもを授《さず》かっている。その後、ベトナムが共産主義国になると、日本人兵士たちは日本に帰され家族は離ればなれになった。

この事実は戦後の歴史に埋もれ、忘れられようとしていたが、今回、両陛下がベトナムを訪問され、残された元日本人兵士の妻や家族に会われたことで、その家族らの存在が多くの日本人に知られたのである。

天皇陛下は、93歳となった残留日本兵の元妻グエン・ティ・スアンさんはじめ、元日本軍兵士の家族たちに会われたときに、「本当に色々なご苦労もあったでしょう」と膝を折り話され、参加者の家族には「厳しい状況だったことをお察しします」とお話しになっている。この懇談のなかで陛下は、次のお言葉を何度もお使いになっていた。

――平和というものが大事ですね。

第4章

世界

英女王即位60年式典で各国の王族と。前列左端が陛下（平成24年5月）

〝皇室外交〟と国際親善と

現在の世界は、あらゆる国々が国際社会の一員という立場に立たなければ、人類の幸福は得られないという状況になっていると思います。したがって、国と国との親善関係の増進は極めて重要なことです。それには、人と人との交流が果たす役割も大きなものがあると思います。

私も、そのような意味で、私の立場から、外国の人々との理解と親善の増進に役立つよう努めていきたいと思っております。

中国と韓国の訪問については、私の外国訪問は、政府が決めることですが、そのような機会があれば、これらの国々との理解と親善関係の増進に努めて、意義あるようにしたいと思っております。（中略）

国際化には色々の面がありますが、最も大切なことは、外国の人々に対して、それぞれの心を理解しようと努め、お互いに人間として理解し合うように努めることが大切と思います。

平成元年８月、ご即位に際して臨まれた記者会見で、天皇陛下は国際親善の意義を問われ、こうお言葉を述べられた。

皇太子時代から美智子さまとともに国際親善に励まれてこられた陛下にとって、ご即位に際し、ふたたびお心を新たにされた瞬間だった。

両陛下がご夫妻として初めて海外を訪問されたのは、皇太子・皇太子妃時代の昭和35年（１９６０年）９月のことである。

昭和天皇の名代として日米修好通商１００周年の式典に臨席されるための訪米で、16日間でホノルル、サンフランシスコ、ロサンゼルス、ワシントン、ニューヨーク、シカゴ、シアトルを回る強行日程だった。

昭和34年４月10日に結婚された両陛下には、翌昭和35年２月23日にご長男・徳仁《なるひと》親王殿下（現・皇太子殿下）がお生まれになり、ちょうど7カ月というころだった。

このご夫妻での最初の外国ご訪問以来、お２人はアジア諸国や欧米など、これまでにじつに多くの国々を訪れ友好と親善に尽力されている。

当時の皇太子ご夫妻でおられた両陛下は、戦後の荒廃と貧困のなかから立ち上がり、奇跡的な復興を遂《と》げていた「新生日本」の象徴的存在であったといっていいだろう。ご訪問の先々で若き日本のプリンスとプリンセスは、その魅力を強く印象づけた。

両陛下をはじめとした皇族方の外国ご訪問の目的は、世界各国との親善と友好のためであり、また日本の理解を深めるためのものである。

とくに海外から見れば「日本のエンペラー」である天皇が外国を訪問し、その国の元首や国民と直接お触れ合いになる。これ以上の「友好親善」はないといえる。

まして「国際化」の波が日増しに高まるようになってからは、両陛下の外国ご訪問が果たす役割はいっそう大きくなったように思える。

報道などで取り上げられるとき、陛下の外国ご訪問は「皇室外交」という呼び方をされることがある。しかし、本来「外交」とは政治的な言葉であり、政治的な権能を持たない天皇皇后両陛下はじめ皇族方の外国ご訪問は「外交」と位置づけられないものである。

それでも〝皇室外交〟との印象を持たれるのは、たとえ政治的な意図などなくても、日本の天皇（エンペラー）がご訪問先の国王や大統領にお会いになり、その国の人々と交流されることが、両国との関係、国民同士の相互理解につながり、結果的に経済や文化の交流、相互理解に大きな意味を持ってくるからである。

こうした天皇皇后両陛下や皇族方の国際親善とは、どのようなことをされるのだろうか。

国内においては、来日した外国の国王、首長、王族、大統領など賓客のお迎え、外国要人とのご引見、在日外交団の接遇などがある。ただし、外国ご訪問も海外からの賓客を招かれて接遇されるのも、内閣において決定され行なわれるもので、陛下や皇族方が自由にお決めになっているわけではない。

また、外国の慶弔《けいちょう》に名代を遣《つか》わしたり電報を打ったりされることなども、国際親善のひとつなのである。

そして両陛下は外国をご訪問する際、前章でも見てきたように、直前の記者会見でご訪問の目的やお気持ちをお述べになる。平成17年5月のノルウェーご訪問を前に、記者の質問に対して、次のようなお言葉を残されている。

《両陛下は皇太子同妃時代から現在に至るまで、多くの国々を訪問され、国際親善に努めてこられましたが、皇室の方々の外国訪問のあるべき姿、果たすべき役割をどのようにお考えでしょうか》（記者）

私どもは皇太子、皇太子妃として多くの国々を訪問しましたが、ほとんどの外国訪問は日本に国賓をお迎えした国に対する答訪であり、その多くは昭和天皇の名代という立場での訪問でした。

これは当初は、天皇の外国訪問の間の国事行為の臨時代行に関する法律がなかったためでしたが、法律制定後、昭和天皇、香淳皇后の欧州ご訪問と米国ご訪問が実現した後も、両陛下のご高齢の問題があり、再び昭和天皇の名代としての外国訪問が始まりました。

昭和天皇、香淳皇后の欧州ご訪問までには国賓を迎えたほとんどの国々に対し、私どもは答訪を終えていましたが、その後は国賓の数も多くなり、昭和の終わりには相当数の未答訪国が残っていました。

平成になってからは、国賓に対する答訪はなくなり、私どもの外国訪問は政府が訪問国を検討し決定するということになりました。このように、天皇の外国訪問の形も時代に伴って変遷を経、現在の私どもの外国訪問は、この度と同様に、ほとんどすべて国際親善のための訪問となっています。

昭和の時代においては、昭和天皇が外国を訪問されている間、皇太子であった天皇陛下が国事行為を臨時代行したのはわずか2回。つまり、皇太子時代の陛下の外国ご訪問の多くは、昭和天皇のご名代だったということだ。

そしてそのほとんどが、その当時に来訪した外国国家元首への答礼という形でのご訪問だったという。だが、平成になってからは答礼のためのご訪問もなくなり、新たな「国際親善」の旅が始まったのである。

皇室にとって「国際親善」とは、いかなるものなのだろうか。

それを問われるたびに陛下は、お言葉のニュアンスこそ多少は違ってはいるものの、いつもこう明言されるのである。

国際親善の基は人と人との相互理解であり、その上に立って友好関係が築かれていくものと考えます。国と国との関係は経済情勢など良い時も悪い時もありますが、人と人との関係は国と国との関係を越えて続いていくものと思います。この度の訪問が訪問国の人々と日本の人々との相互理解と友好関係を深める上に少しでも役に立てばうれしいことです。

（平成17年、ノルウェーご訪問を前にされて）

「外交官100人分」の影響力

平成17年5月のノルウェーご訪問は、昭和28年、昭和60年に続いて3回目のもので、その年は日本とノルウェーの国交樹立100周年という記念の年でもあった。

天皇陛下は若き日に訪れたノルウェーに思いを馳せておられた。

平和条約発効の1年後に、戦争の痛手を大きく受けた日本から訪れた者にとって、ノルウェーで訪れた各地が豊かで美しく感じられたことが印象に残っています。

冷たい雨のなかの式典

ノルウェーご訪問。ホーコン王太子、同妃と（平成17年5月）

二度目は20年前のことになりますが、オラフ国王が日本を国賓としてご訪問になったことに対する答訪として当時皇太子であった私が皇太子妃とともに昭和天皇の名代として訪問したときのことです。

このときはデンマークの訪問を終えた週末に当時のハラルド皇太子ご夫妻とベルゲン方面のフィヨルドを船で回り、楽しい一時を過ごしました。（同前）

陛下は初代ホーコン7世国王から、オラフ国王、ハラルド5世国王まで、3代の国王にお会いになっている。昭和60年6月のノルウェーご訪問では、オックスフォード大学に留学中の浩宮《ひろのみや》さま（現在の皇太子殿下）も合流され、一緒に過ごされている。まさにご家族ぐるみのお付き合いといえる。

平成17年5月10日、両陛下をお迎えする歓迎式典は、あいにく雹《ひょう》混じりの激しい雨だった。天皇陛下と美智子さま、そして当時摂政《せっしょう》を務めていたホーコン王太子、ソニア王妃、メッテ・マーリット王太子妃は寒さのなか、ずぶ濡れになりながら式典に臨まれた（前ページ写真）。

このとき美智子さまは、おそばに立つ王太子妃の身体をかばうように、お手を添えて立たれていた。それは王太子妃が懐妊中だったからである。当時、天皇陛下は71歳、美智子さまは70歳というご年齢、決してお若くはなかった。陛下の泰然《たいぜん》としたお姿、そして美智子さまの気配りの行き届いたなさりようを目にしたノルウェー国民は、大いに感激したという。被災地などでもお見せになる美智子さまの「お心配り」は、国際親善の場でも遺憾《いかん》なく発揮される。

美智子さまが、このときのご訪問をとても楽しみにされていたご様子が、記者会見のお言葉から窺える。

前回の北欧4か国の訪問から、既に20年がたち、この度、再びノルウェーを訪問するに当たり、改めて往時のことを懐かしく思い出しております。(中略)ちょうど昭和天皇に近いお年頃の国王陛下にお連れいただいて、フログナー公園でヴィーゲランの彫刻を見た夏の一時が、そのときとりわけ印象深かったモノリッテンという作品の記憶と共に、忘れられない思い出となって、私の心に残っております。

このときの訪問では、オスロでの公式行事に先立ち、4か国訪問のちょうど中日に当たる週末を、西海岸のベルゲンで過ごしましたが、当時皇太子でいらした現国王陛下が、妃殿下と共にオスロからいらしてくださり、美しいソグネ・フィヨルドの航海を楽しませてくださいました。

途中、小さな島に立ち寄ったときに、ちょうどその島で公演があったのか、もしかしたら私どものために計画してくださったのか、役者さんの一団が、ヴァイキングの服装で私ども一行を襲ってくれました。素晴らしい経験でした。

美智子さまのさまざまな文化に対するご造詣《ぞうけい》の深さには、誰もが感心させられる。当然、ご訪問先の国々も比類のない知性と教養を兼ね備えた日本の皇后に尊敬の念を抱いただろう。

このご交流の積み重ねによって、日本の皇室が世界の国々と「平和の絆」を結ぶ役割を担っているのだ。

このときのご訪問では途中、アイルランドにもお立ち寄りになった。

両陛下はノルウェー王室やアイルランド大統領をはじめ各国首相、政府関係者、国民の歓迎をお受けになった。各地で歓迎式典、午餐、晩餐、福祉・文化施設のご視察など、わずか７日間のご日程のなかで、行事は40回にものぼっていた。

日本の象徴である天皇のご訪問は、「外交官１００人分の影響力」を持つとしばしばいわれるのには、こうした両陛下のなさりようが根底にあるからではないだろうか。

中国ご訪問とデリケートな問題

平成になって、天皇皇后両陛下が初めて外国を訪問されたのは平成３年９月26日から10月６日までの、タイ、マレーシア、インドネシアを巡る旅だった。

両陛下は、皇太子・皇太子妃時代に、昭和天皇の名代でタイとマレーシアを訪問されていたが、このときは招待をお受けになってのご訪問となった。

この３カ国は、日本に親しみを感じてくれている「親日国」である。だが、東南アジアへのご訪問となると、記者会見で飛び出すのが「先の大戦」に関する質問である。そして、この３カ国ご訪問に際し、その意味を問われ、陛下はこう答えられていた。

日本が過去を振り返り、戦後、平和国家として生きる決意をしました。世界の平和を念願し、東南アジアの国々と相携えて、国際社会に貢献するよう努めている姿が理解され、お互いの信頼関係が深まればうれしいことと思っています。

天皇陛下の平和を希求し、国家間の友好と親善を深めるための旅へのお気持ちは、揺らぐことはない。

この東南アジア3カ国ご訪問の翌年の平成4年（1992年）10月、日本と中国の長い交流のなかで、初めての天皇の中国訪問が実現することとなった。

だが、「天皇の戦争責任」問題は、海外を訪問されるたびに浮かび上がってくる。とくにアジアのなかでも中国と日本の間には、現在もいくつもの政治的懸案事項があり、歴史認識の違いは両国政府に横たわったまま今日に至っている。

時代が平成となった平成元年8月、ご即位に際しての記者会見の席でも、「戦争責任」に対する天皇陛下の見解を求める質問がなされたのは3章で記したとおりである。陛下は、昭和天皇が平和と憲法（大日本帝国憲法）遵守を大切にされたこと、日本は新憲法下で平和国家の道を歩み、世界平和を願うことを述べられ、質問への返答とされた。

この年、平成元年4月に中国の李鵬《りほう》首相（当時）が来日した。

その際、李鵬首相との会見で天皇陛下は、日中戦争について「近代において不幸な歴史があったことに遺憾の意を表します」と述べられたと、一部報道で伝えられていたのだ。

その点について尋ねられた陛下は、こうお答えになられた。

その問題については、公表しないことになっております。

そのお答えに対し、なおも記者は質問を続けた。

《先ほどの昭和天皇の戦争責任の質問で昭和天皇は、平和を大切にし、考えておるとおっしゃいましたが、これは陛下として、昭和天皇には戦争に関する責任はなかったとお考えだというふうに、とらえてよろしいでしょうか》

陛下は毅然《きぜん》としてお答えになられた。

私の立場では、そういうことはお答えする立場にないと思っております。

お答えはいつも明快である。「国政に関する権能を有しない」、つまり「政治的な発言などしてはならない」という憲法に規定されたお立場にある天皇に即位された以上、お口にはできない、されないお言葉があるのだ。

そして、そのお言葉にはさまざまな細かい配慮がなされている。

平成4年10月、天皇皇后両陛下が中国を訪問される前の記者会見でも、そのご姿勢は変わらなかった。

《陛下は李鵬首相が来日した際に、「近代において不幸な歴史があったことに遺憾の意を表します」と述べられたと伝えられています。このたびの訪中には、どのようなお気持ちで臨まれるのでしょうか》

宮内記者からのこの問いに、天皇陛下はこう答えられている。

日本と中国は、古くから平和に交流を続けてきましたが、近代において、不

初めての天皇訪中

北京市郊外の八達嶺。万里の長城を見学される（平成４年10月24日）

幸な歴史がありました。戦後、日本は、過去を振り返り平和国家として生きることを決意し、世界の平和と繁栄に努めてきました。この度、国交正常化20周年の機会に中国を訪問することになりましたが、これを契機として、日本が世界の平和を念願し、近隣の国々と相携えて、国際社会に貢献しようと努めている現在の日本が理解され、相互信頼に基づく友好関係が増進されることを願っております。

また、「遺憾の意を表します」という言葉をお使いになったのかという記者からの確認には、《**その時には、残念に思いますということを言ったように記憶しています**》と、お答えになっている。

ご即位後の4年の歳月で、陛下のお心にお立場に対してのしっかりとした指針ができていると感じさせるお答えであった。

「政府の決定に従って最善を尽くす」

この中国ご訪問は、当時の両国政府が長く水面下で交渉を重ねてきた粘り強い努力の末に実現したという。訪中が話題になりだした前年には、政権与党のなかにも反対意見が続出し、街には「訪中反対」を叫ぶグループのデモもあり、新聞の一面に「天皇陛下の訪中に反対します」という多数の識者の意見広告も掲載された。

国内では中国ご訪問をめぐりさまざまな反対意見があったが、そのことについても訪中前の会見でこう述べられた。

言論の自由は、民主主義社会の原則であります。この度の中国訪問のことに関しましては、種々の意見がありますが、政府は、そのようなことをも踏まえて、真剣に検討した結果、このように決定したと思います。私の立場は、政府の決定に従って、その中で最善を尽くすことだと思います。

こうして実現した天皇皇后両陛下の中国ご訪問は、後に「天皇の政治利用だ」、あるいは「皇室の尊厳と日本の国益を損なうものだ」という評価も一部にあった。

しかしその一方で、中国ご滞在中の両陛下のお振る舞いとお言葉に対しては称讃の声も多かったのである。

ご訪問中、北京《ペキン》の人民大会堂で両陛下を歓迎する楊尚昆《ようしょうこん》・国家主席主催の歓迎晩餐会が開かれた。このときのスピーチで陛下はこう述べられた（平成4年10月23日）。

我が国が中国国民に対し多大な苦難を与えた不幸な一時期がありました。これは私の深く悲しみとするところであります。

後日、このお言葉に「自虐的な歴史観ではないか」「これは天皇陛下の謝罪である」という識者の発言もあったが、多くは、戦争によって傷ついた中国の人々の心に寄り添われた陛下のお気持ちの表われと受け止められたのだった。

さらにこう続けられた。

貴国と我が国との交流の歴史は古く、特に、七世紀から九世紀にかけて行われた遣隋使、遣唐使の派遣を通じ、我が国の留学生は長年中国に滞在し、熱心に中国の文化を学びました。両国の交流は、そのような古い時代から長い間平和裡に続き、我が国民は、長年にわたり貴国の文化に対し深い敬意と親近感を抱いてきました。

このお言葉では、長い歴史のなかで日本と中国は良好な関係で外交を重ねてきたということを強調された。

同席された美智子さまも、こう述べられた。

日本文化、とりわけ古代文化が、中国から受けた大きな影響を思うとともに、文化移入の折に行われた取捨選択を通し、日本文化の特質を考えてみるのも面白いのではないかと感じました。

日本の古代文化は、中国の進んだ文化を学びつつ、それを受け入れ、消化し、日本独自の文化が築かれてきた。
実際、美智子さまは養蚕《ようさん》を通し、古代の絹織物の修復に尽力されている。日本が中国から学んで自らのものにしてきた大切な歴史を、美智子さまは身をもって理解されている。天皇陛下のお言葉を受けた見事なお答えだった。

翌年（平成5年）1月、皇居で行なわれる恒例の歌会始のお題は「空」だった。陛下は、前年の中国ご訪問の思い出を、こう詠まれた。

《外国の旅より帰る日の本の空赤くして富士の峯立つ》

中国ご訪問を終え、帰国される政府専用機からの光景。その眼下には、日本の美しい富士山の姿があった。天皇陛下のお気持ちがしのばれる御製である。

思い出のアメリカで

平成６年６月、16日間のご日程で米国を訪問された天皇皇后両陛下。

皇太子時代（昭和35年と昭和62年）を含めて３回目の米国ご訪問だった。

最初のご訪問は昭和35年、日米修好通商１００年祭式典にご臨席のためであり、２回目の昭和62年のご訪問は、ご出発の１カ月前に昭和天皇がご病気に倒れられたこともあり、日程を短縮されてのお忙しいものとなった。

陛下にとって米国は思い出深い地でもある。

終戦後の若き皇太子時代、大きな影響を受けたアメリカ人家庭教師のヴァイニング夫人とは、最初のご訪問の際に再会を果たされている。

２度目のご訪問では、ご親交のあったライシャワー元駐日大使のボストンの屋敷にお泊まりになるなどされている。また、陛下はテニスの女子プロ選手であったパム・シュライバーさんとダブルスのペアを組み、当時のブッシュ副大統領、シュルツ国務長官のペアと対戦し見事に勝利されるなど、楽しいご滞在となった。

同時に、このご交流は日米両国間において、きわめて大きな意味を持つものだったようだ。

なぜなら、当時の日米関係は貿易摩擦に揺れており、米国内の対日感情は必ずしも良好とはいえない状況であった。しかし、日米の識者の多くが、両陛下のご訪米が米国内の反日感情を緩和《かんわ》させ、両国の友好と親善に大きく寄与したことを指摘している。

美智子さまは国際親善の意義を次のように強調されていた。


陛下の外国ご訪問の目的は、政治を超越したお立場から親善にお努めになることですので、この目的が少しでもよく果たされることを願いつつ、お供をさせていただきたいと思っています。

二つの異なる国が緊密な関係を持続していく中では、多くの試練にも出会わねばならず、この試練に耐えるためには、双方の善意が不可欠なものに思われます。

日米間にはこれまでに様々な分野で人々が築いてきた友好の絆があり、訪問

メジャーリーグをご観戦

平成6年の訪米。セントルイスのブッシュ・スタジアムでは電光掲示板に歓迎の文字が表示された(現地時間6月17日午後9時10分)

の機会にこの絆が改めて認識され、更に強まることを心から願っています。

この米国ご訪問前の会見時の美智子さまは、前年の平成5年10月20日、59歳のお誕生日に突然お倒れになり、言葉を失う「失声症」の苦しみから回復されたばかりだった。

その病と闘っておられた当時、「美智子さまに対しての一連のバッシング報道によるご心労が原因」という声もあがった。ご回復には数カ月を要したが、お声を失われても、陛下とご一緒にご公務にお出かけになっていた美智子さまのご様子が思い出される。

そして、このときの会見でも、記者から「先の戦争」に関する質問がなされた。在日外国報道協会の代表がこう尋ねた。

《1941年当時の状況に照らした場合、日本軍の真珠湾攻撃に正当性はあったとお考えでしょうか、また、真珠湾が攻撃されたハワイにおいて、アメリカ国民に対し、どのようなメッセージをお伝えになりますか》

天皇陛下はこうお答えになった。

歴史的事実を正確に理解するということは大変重要なことと思いますが、私の立場からこのような問題に触れることは差し控えたく思います。

戦争によって、多くの人々が亡くなり、傷つき、また、苦しみを受けたことは本当に心が痛むところです。戦後、日本は民主主義の行われる平和国家として生きることを決意し、世界の平和と繁栄を念願し、世界の国々と相携えて、国際社会に貢献しようと努めてきています。日本と深い関係にある米国民との間の相互理解に基づく友好関係が更に増進されるよう願っております。

戦後日本の象徴天皇として、陛下はつねに世界の「平和」を強く願われてきた。そして、象徴天皇として何ができるのかを模索しつづけてこられたのである。そのひとつが「国際親善」での役割だったといえるだろう。

また、平成6年は6月のアメリカご訪問に続き、10月にはフランス、スペイン（途中でドイツにお立ち寄り）ご訪問も果たされた。

還暦を迎えられたこの年、2度の外国ご訪問があり、日ごろのご公務に追われながら過密なご日程で国際親善に貢献された両陛下だったが、一方で、両陛下のご健康を気遣う世論があったことも事実である。

ある質問への戸惑い

平成9年5月30日から15日間の日程で、天皇陛下と美智子さまはブラジル、アルゼンチン（アメリカとルクセンブルクにもお立ち寄り）を訪問された。両陛下の外国ご訪問は、平成6年10月のフランス、スペインご訪問以来、約2年8カ月ぶり。外国ご訪問を中断されていた間、皇室の外国ご訪問について、お考えを新たにされたことはあったのだろうか。

ご出発前の記者会見で、天皇陛下はこうお述べになった。

戦後50年という年は、戦争によって亡くなった多くの人々を悼み、遺族の上を思って過ごそうと、外国訪問は考えていませんでした。

ところが、不幸にもその年の1月に阪神・淡路大震災が起こり、翌年も外国訪問は控えることにしました。多くの亡くなった人々、また、家を失い、不自由な生活をしている人々のことを思って過ごした心の重い2年間でした。

外国訪問については、訪問国の人々との友好関係に資するよう心を努めていきたいと思っております。15日間の忙しい日程ですけれども、健康に十分気を付けて務めを果たしていきたいと思っています。


天皇陛下のお心のなかには、つねに戦争の記憶と災害で苦しむ人々に寄せる思いがあった。

この年のブラジルご訪問は陛下にとって20年ぶり、アルゼンチンご訪問は30年ぶりのことだった。南米の両国はともにかつて日本からの移民が、苦労に苦労を重ねた後、生活の基盤を築いた国である。その先人たちの汗と涙があって、現在、多くの日系人が活躍している。

陛下は海外にいるこれらの人々にもお心をお寄せになられていた。

このご訪問の際の日程の厳しさ、移動距離の過酷さを考えると、当時の両陛下のご年齢では相当にハードで、ご体調が気遣われた。それでも、予定どおりのご日程を了承されたのだが、その根底には少しでも多くの日系人と交流されたいという陛下の強いお気持ちがあったのであろう。

ご訪問前の記者会見では、在日外国報道協会の代表が印象に残る質問をした。

《両陛下にお聞きします。両陛下があまり公共の前にお姿をお見せにならない、お見えになる時も事前準備が行き届き過ぎていて、両陛下が人々と自然な交わりをお持ちになる機会があまりないようにお見受けします。そして、お会いになる人々が必ずしも一般の国民とは言えない、ごく限られた方々に制限されているという意見があります。このような意見に対して、どのように思われますか。お聞かせください》

この質問には、天皇陛下も少し戸惑われたかもしれない。

陛下は、ご公務などの場合、人とお会いになるときは、その人がどんな人なのか、どんな業績を残しているかなど、あらかじめ説明を受けられている。限られた時間のなかで会われるのだから、相手に対する予備知識なしにお会いになることはない。

また、お出かけ先では、歩かれる順路などはあらかじめ決められていて、厳重な警備体制が敷かれている。お立場を考えれば、当然のことである。

そのことを「事前準備が行き届きすぎて、自然な交わりがない」と指摘されたわけである。

陛下はこのように、言葉をつながれた。

この問題については、具体的に考えていくことが良いと思います。公共の前とか、もう一つ何でしたかしら、自然な交わりとか、一般の国民とか、そのようなことが具体的に示されれば、それを宮内庁の方で検討してもらおうと思います。

次いで美智子さまは、陛下のお気持ちを代弁するかのように、お静かな口調だが、しかしきっぱりとこうお述べになられたのである。

公共の場に出る姿を見せる回数が少ないのではないかという質問がありましたので、改めてここ一か月ほどの日程がどんなものであったか調べてもらいました。

福祉施設への訪問、赤十字や助産婦会などの記念式典、点字新聞や対人地雷撤去のためのチャリティーコンサートなど、私がこの1か月に公共の場に出ましたのは12回ということでしたが、これは、私の平均的な1か月の外出としてはむしろ多い方で、通常はもう少し少ないのではないかと思います。

他方、私どもの仕事の中に、このように公共の場に出るということ以外に外務省、厚生省など日本の各省庁や、各種の民間団体からの申出を受け、御所や宮殿で行う行事があり、回数からいたしますと、そちらの方が私どもの外出の回数をはるかに上回ります。

それは、ある時は外国の賓客や、内外の大使の接遇であり、ある時は日本の各分野で働く人々との接点を持つ行事であると言ってよろしいかと思います。

その時その時の人数によって、謁見という形で陛下から一同に対するねぎらいのお言葉を頂くもの、レセプションのような形で一人一人の人から仕事についての話を聴くもの、着席の上懇談をするものなど形式は様々ですが、このような余り人目に触れない行事も過去をねぎらい、それを良い未来につなぐという皇室にとっての重要な仕事であり、私はこのこうした方面の仕事も欠かさずに保ち、これからも続けていきたいと思っております。

そのような観点から、私どもの公共の場に出る回数を大幅に増やすということは、物理的にもやや困難なことに思われますが、これからも接するすべての人々を大切にし、その人々を通じ、できるだけ人々の生活を広く深く知り、皇室が少しでも人々の心の支えになり、安らぎとなれるよう務めていきたいと思っております。

緻密《ちみつ》で丁寧なご回答だった。

海外のメディアにはなかなか理解してもらえないのが、天皇陛下のお役目とそのお立場なのである。このことは御代替わり後も同様かもしれない。

君主の人格と見識

平成10年5月から6月にかけて、天皇皇后両陛下はイギリス、デンマークをご訪問された。途中ポルトガルにお立ち寄りになるというお忙しいご日程となったが、このご訪問には「先の大戦」の問題が横たわっていた。

日本は、先の大戦でイギリスと当時のビルマ（現・ミャンマー）などで戦火を交えた。そのためイギリス国民に大勢の犠牲者を出したことや捕虜となった兵士の処遇について、日本に対して、厳しい感情を持つイギリス人もいたのである。

その一方で、英国内でも戦時中の日本軍の紳士的な対応を紹介する人もあり、訪英時には、反日感情がいくらか薄れているというメディア報道もあった。

当然のことながら、天皇陛下はイギリス国民のそうした感情も十分理解しておられた。そのうえでこう述べられている。

相手の立場に立って心に痛みを受けた面を十分に認識するよう、努めていく

ということが大切だと思います。日英両国民の相互理解に基づく友好関係が一層増進されることを切に念願しています。

皇室とイギリス王室には長い交流の歴史もある。そうした関係については、両陛下もさらに深めていかなければならないと考えておられた。

皇室とイギリス王室の関係は、150年前の明治2年（1869年）にビクトリア女王の次男・エジンバラ公が日本を訪問したのが始まりといわれている。

明治35年（1902年）に日英同盟が結ばれると両国の交流は深まり、日本からは明治44年（1911年）に東伏見宮依仁《ひがしふしみのみやよりひと》殿下が、現在のエリザベス女王の祖父にあたる英国王・ジョージ5世の戴冠式に出席している。大正10年（1921年）になると、当時、皇太子だった昭和天皇がイギリスご訪問を果たされた。

昭和天皇にとって、イギリスは特別な国であったようだ。要約すると、以下のような意味のご発言をされている。

《イギリスの王室は、私の第2の家庭であり、ジョージ5世陛下からイギリスの立憲政治のあり方をうかがったことが、ずっと私の頭にあり、つねに立憲君主制の君主はどうなく

てはならないかを考えていた。ジョージ5世陛下の慈父のような温かいもてなしの数々は、終生忘れることができない》

昭和天皇は昭和46年（1971年）にもご訪英。そして昭和50年にはエリザベス女王が来日するなど、イギリス王室と皇室の交流は長く続けられてきたのである。

天皇陛下もまた、昭和28年に昭和天皇の名代としてエリザベス女王の戴冠式に出席されたのが最初のイギリスご訪問だった。第1章にそのときの写真を掲載したが、当時は戦後間もないころであり、学習院の大学生だった19歳の若き陛下（当時は皇太子殿下）は、敗戦国の日本を代表して重責を果たされたことになる。

英国では連日マスコミのバッシング報道が続いていたが、日本の皇太子としての堂々たる態度と流暢《りゅうちょう》な英語でのスピーチで、多くのイギリス人が認識を新たにしたという。

日本の若きプリンスが称讃された背景には、その当時の天皇陛下の教育係を務めていた小泉信三の教えがあったとされる。

《何等《なんら》の発言をなさざるとも、君主の人格、その見識は、自《おの》ずから国の政治に良くも悪くも影響するのである。殿下の御勉強と修養とは、日本の明日の国運を左右するものと御承知ありたし》

陛下の国際感覚は、このころから磨かれていたということになる。

皇室の「親しさ」

平成24年5月、天皇皇后両陛下は、エリザベス女王の即位60年を祝う式典に招かれた。ロンドン西部、テムズ河のほとりにある英国王室の居城、ウィンザー城での午餐会には、欧州はじめ、世界中の国王、女王、首長、王族が一堂に会したが、そんななか女王のすぐ左隣に座られたのが天皇陛下だった。

美智子さまも女王と同じテーブルに着席されるなど、両陛下は英国側から厚いおもてなしをお受けになった。それは天皇陛下とエリザベス女王の60年に及ぶ「親交の証」ともいえるものである。

昭和61年（1986年）にチャールズ皇太子とダイアナ妃が来日した際、昭和天皇は宮中晩餐会を開かれたが、これは異例のことだった。

天皇は、国賓や公賓など外国からの賓客が来日の際、宮殿や御所などにお招きし晩餐会や午餐会を催されるが、宮内庁によると、国賓とは、政府が儀礼を尽くして公式に接遇し、皇室の接遇にあずかる元首やこれに準ずる者とされている。つまり、国王か大統領であり、公賓は王族と行政機関の長（首相）を指している。

その折、昭和天皇はチャールズ皇太子とダイアナ妃を迎賓館でお迎えになり、皇居・豊《ほう》明《めい》殿で宮中晩餐会が開かれた。通常であれば皇太子・同妃は公賓としての来日であり、宮中晩餐会は催されないのだが、国賓待遇で英国の皇太子夫妻をもてなされたのである。

当時、日本国内でダイアナ妃の注目度は高く、東京では英国皇太子夫妻の馬車が通る沿道には9万人もの人出があった。

日本の皇室は長い交流のなかで、イギリスの王室からさまざまな影響を受けてきた。

昭和天皇は皇太子時代の最初の英国ご訪問から帰国後、それまでの和装をやめられ、洋装の生活に替えられた。お休みになられるのもベッドに替えられ、食事面でもハムエッグにトースト、あるいはオートミールという朝食を召し上がるなど欧州スタイルを取り入れたという。

さらに昭和天皇は、それまで万世一系の皇統を守るため、男子誕生には欠かせなかった「側室制度」を廃止され、皇后良子《ながこ》さまを大切にして夫婦同伴をなさるなど、イギリス王室の生活を見習うことにされたのである。

英国王室との長い歴史

皇室と英国王室の交流の歴史は150年にもおよぶ。写真上は平成10年に国賓として訪英されたときの公式晩餐会。右からエリザベス女王、天皇、皇后両陛下、エリザベス皇太后、エジンバラ公。写真左は平成7年2月、皇居の御所を訪れたダイアナ妃

平成10年の天皇陛下のイギリスご訪問を前にした記者会見でも、これまで皇室がイギリスからさまざまな影響を受けてきた歴史を踏まえ、こんな質問が出た。

《両陛下にお伺いします。報道によれば、英国のエリザベス女王が、国民に親しまれる王室の印象向上をという配慮から、3月27日にデボン州トップシャムにある家族経営のパブを公式訪問なさったそうです。ご自分は、パブ特製ビールはお飲みにはならなかったようですが、夫君へのお土産《みやげ》用のビールは受け取られたとか。

日本でも、両陛下がパブといわずとも、居酒屋のような所を訪ねられて、国民と直接お話しになるとか、お酒をちょっとでも楽しまれるとか、そんな機会をお持ちになりたいとお思いでしょうか》（在日外国報道協会代表の質問）

天皇陛下は、こうお答えになった。

前にもお話ししましたことですが、天皇は日本国の象徴であり、国民統合の象徴であるという憲法に定められた点を常に念頭において務めを果たしてきました。そして、どのように在るのがこの象徴にふさわしいかということが、いつも念頭から離れないことでした。

今の問題についても、その面から考えなければならないことではないかと思います。やはり王室や皇室は、日本でも英国でも、それぞれの歴史を受け継いでおり、国民の考え方・感情も違ってきています。

この点を日本の国民がどのように考えるかということを、考えていかなければならないことではないかと思っております。

美智子さまが続けられた。

今、国民の大半が私どもに基本的に望んでいることは、皇室がその役割にふさわしい在り方をし、その役割に伴う義務を十分に果たしていくことだと思っています。

民主主義の時代に日本に君主制が存続しているということは、天皇の象徴性が国民統合のしるしとして国民に必要とされているからであり、この天皇及び皇室の象徴性というものが、私どもの公的な行動の枠を決めるとともに、少しでも自己を人間的に深め、よりよい人間として国民に奉仕したいという気持ちにさせています。

皇室の役割にふさわしい「在り方」という中に、きっと「親しさ」の要素も含まれておりますでしょう。ただ、それぞれの王室や皇室に、どのような親しさを、どのような度合いでもって国民が求めているか、また、どのような形においてそれを感じたいと思っているか、というところに国民性の違いがあると思いますし、また、違いがあってよいものだと思います。

西欧の王室にあっても、このようなことへの対応は必ずしも一様であるとは思いません。私どももこの国にふさわしい形で、国民と皇室との間の親しみを大切に育んでいきたいものと考えています。

日本国の象徴として、国民統合の象徴として、どうあるのが相応《ふさわ》しいのか――天皇陛下が、そして美智子さまが、長く模索し続けてこられたことが多くの国民に伝わるお言葉である。

第5章

幸福

皇太子ご夫妻、秋篠宮ご夫妻、眞子さま、佳子さまと
（平成31年の新年一般参賀）

天皇家に生じた〝家族問題〟

天皇ご一家の私的なお暮らしぶりが公になることは、当然のことながら、ほとんどない。しかし、一家団欒《だんらん》のご様子や、ご静養先での楽しそうなご様子などを拝見するとき、そこには日本人がずっと大切にしてきた「幸せな家族」のお手本がある。

天皇陛下はこれまで、「象徴天皇とは何か」ということを模索され、その言動によって天皇としてのありようを示されてきた。それは、人々の心に寄り添いつつ、世界の平和を願い、国民の幸せを祈りつづけてこられることだった。

そのお心の根底にあるものは「公平」で「無私」の精神。誰に対しても分け隔《へだ》てのない公平さと、私利私欲がなく「私」さえも捨てることができる「無私」の精神の持ち主だからこそ、陛下は国民の尊敬を集め、国民に愛されるのである。

そんな天皇陛下のご家族が、幸せでないはずはない――。

だが、ご長男でいらっしゃる皇太子殿下のご発言をきっかけに、天皇ご一家のなかにも親子間のコミュニケーションの難しさ、世代間の断絶、ご兄弟の距離などさまざまな問題があるのではないかということを、国民が心配する状況になってしまったのである。

それは平成16年5月10日、東宮御所でのことだった。デンマーク、ポルトガル、スペインご訪問を前にした記者会見で、皇太子殿下は、前年の暮れからご療養中の雅子《まさこ》さまについて問われると、こうお話を始められた。

《今回の外国訪問については、私も雅子も是非二人で各国を訪問できればと考えておりましたけれども、雅子の健康の回復が十分ではなく、お医者様とも相談して、私が単独で行くこととなりました》

続けて雅子さまのお気持ちを「苦悩」というお言葉で表現された。

《雅子には各国からのご招待に対し、深く感謝し、体調の回復に努めてきたにもかかわらず、結局、ご招待をお受けすることができなかったことを心底残念に思っています。殊《こと》に雅子には、外交官としての仕事を断念して皇室に入り、国際親善を皇族として、大変な、重要な役目と思いながらも、外国訪問をなかなか許されなかったことに大変苦悩しておりました。

今回は、体調が十分ではなく、皇太子妃としてご結婚式に出席できる貴重な機会を失ってしまうことを、本人も大変残念がっております。私も本当に残念で、出発に当たって、後ろ髪を引かれる思いです》

平成5年6月9日、ご成婚パレードに日本中が沸いた

さらにこの後、殿下は衝撃的な発言をされ、記者たちの間に緊張が走ることになる――。

平成5年6月に皇太子殿下と結婚された雅子さまだが、ご結婚から10年目の平成15年（2003年）12月に帯状疱疹《たいじょうほうしん》を発症され、ご公務を休まれるようになった。翌年1月に宮内庁は、雅子さまは春までご静養と発表。以来、長いご療養が続いた。

そして、このときの皇太子殿下のご発言をきっかけに、国民から注目され始めた〝天皇家の家族問題〟――。

あらためていうまでもないことだが、ご結婚前の雅子さまは外務省に勤める外交官

新時代の天皇と皇后

那須御用邸に向かわれる皇太子ご夫妻と愛子さま（平成29年8月）

だった。幼少時代は、やはり外交官だったお父様の小和田《おわだ》恆《ひさし》氏（前・国際司法裁判所判事）とともにロシア、アメリカなど海外で長く暮らされている。ハーバード大学では経済学を専攻。卒業された後、帰国して東京大学法学部に学士入学し、昭和61年、最難関といわれる外交官試験に合格して外務省に入省される。

外務省入省後も研修として、イギリスの名門オックスフォード大学に留学。大いに外交官としての将来を嘱望《しょくぼう》されていたころ、皇太子殿下のお妃《きさき》候補としてそのお名前が上がり、イギリスにまでマスコミが押しかける騒ぎとなった。

ご結婚にためらいを感じていた雅子さま

のお気持ちを変えさせたのは、皇太子殿下のこんなお言葉だったという。

《皇室に入るのはいろいろ不安や心配がおありでしょうが、雅子さんのことは僕が一生、全力でお守りしますから――》

こうして結ばれた皇太子殿下と雅子さまは、雅子さまの外交官としてのキャリアを生かした「新しい時代にふさわしい新しいご公務」を模索されはじめたのだった。

しかし、「(ご結婚は)皇室という新しい道で自分を役立てることではないか」と考え、嫁がれた雅子さまの夢は、「皇室」という古い慣習と伝統の前にもろくも崩れてしまう。

特に、〝お世継ぎ問題〟が雅子さまを苦しめたといわれた。国際親善の場でご自分を生かされることを大切なお役目と掲げていらしたにもかかわらず、ご結婚後の外国ご訪問は平成6年のサウジアラビア、オマーンなど中東4カ国、平成7年のクウェート、アラブ首長国連邦、ヨルダンにとどまった。

そのことについて雅子さまは、平成14年12月、愛子さまご誕生後、久しぶりの外国ご訪問の際の記者会見で、こう打ち明けられた。

《ご質問にありましたように、今回公式の訪問としては8年ぶりということになりまして、ニュージーランドとオーストラリアを訪問させていただくことができることになり、

大変うれしくまた楽しみにしております。

中東の諸国を訪問いたしました折のことは今でもとても懐かしく本当にいい経験をさせていただいて、その時の思い出は今でも皇太子さまとよく話題にしたりしておりますけれども、その後8年間ということで、そのうち最近の2年間は私の妊娠そして出産、子育てということで最近の2年は過ぎておりますけれども、それ以前の6年間、正直を申しまして私にとりまして、結婚以前の生活では私の育ってくる過程、そしてまた結婚前の生活の上でも、外国に参りますことが、頻繁にございまして、そういったことが私の生活の一部となっておりましたことから、6年間の間、外国訪問をすることがなかなか難しいという状況は、正直申しまして私自身その状況に適応することになかなか大きな努力が要《い》ったということがございます。

今回、昨年子供の愛子が誕生いたしまして、今年、関係者の尽力によりまして、ニュージーランドとオーストラリアという2か国を訪問させていただくことができることになりましたことを本当に有り難いことと思っております》

ご結婚以来、雅子さまにはつねにお世継ぎ問題がつきまとっていた。そのためには外国ご訪問さえかなわず、皇太子妃として力を尽くしたいと願われていた国際親善もできなかった。それまで海外生活の長かった雅子さまにとって、皇室での暮らしはまったく想像もできないものだったに違いない。その心情を、雅子さまは率直に吐露されたのである。

そして、この会見から1年後の平成15年12月、雅子さまは帯状疱疹を発症。その原因をめぐってさまざまな憶測が噂されるなか、皇太子さまの衝撃的なご発言となったのである。

《――雅子にはこの10年、自分を一生懸命、皇室の環境に適応させようと思いつつ努力してきましたが、私が見るところ、そのことで疲れ切ってしまっているように見えます。それまでの雅子のキャリアや、そのことに基づいた雅子の人格を否定するような動きがあったことも事実です》（傍点は引用者）

子育てとご公務の両立に苦しまれ、「皇室」という慣れない環境に適応できないためのストレス……。雅子さまのご病気はご発症から半年以上が経《た》って「適応障害」と発表された。

そのことは、海外でお育ちになり国際的な感覚を身につけていらっしゃる雅子さまと、古い慣習と伝統を重んじる宮中との間に距離があることを窺わせるのに十分だった。

この皇太子殿下のご発言はその後、天皇ご一家のなかにも大きな波紋を広げることになったのだった。

「皇太子の話を理解できない」

皇太子殿下は、外国ご訪問から帰国されてすぐ、陛下のもとに帰国のご挨拶と〝人格否定発言〟の真意を伝えに参内《さんだい》された。その後も陛下と皇太子殿下は何度かお互いの意見の交換を行ったことを明かされたのである。

だが、そこには陛下の父親としてのお悩みがはっきりと見て取れた。

〈雅子妃が〉一昨年のニュージーランド、オーストラリア訪問のころは、非常に元気で、喜ばしいことに思っていましたが、その後公務と育児の両立に苦しんでいるということで心配していました。疲れやすく、昨年の５月ごろからこちらへの訪問がほとんどなくなり、公務を少なくするようになった時も、何よりも体の回復が大切だと考えていました。

このような状態の中で、今年5月皇太子の発言がありました。私としても初めて聞く内容で大変驚き、「動き」という重い言葉を伴った発言であったため、国民への説明を求めましたが、その説明により、皇太子妃が公務と育児の両立だけではない、様々な問題を抱えていたことが明らかにされました。

私も皇后も、相談を受ければいつでも力になりたいと思いつつ、東宮職という独立した一つの職を持っている皇太子夫妻の独立性を重んじてきたことが、これらの様々な問題に、気が付くことのできない要因を作っていたのだとすれば大変残念なことでした。

一連の報道が天皇陛下と美智子さまを深く傷つけたことがわかる。皇太子殿下のご発言の矛先《ほこさき》が、ご両親である両陛下に向けられたものであるという報道に対しては次のように述べられている。

皇太子の発言が、私ども２人に向けられたものとして取り上げられた時でした。

事実に基づかない様々な言論に接するのは苦しいことでしたが、家族内のことがほとんどであり、私ども２人への批判に関しては、一切の弁明をすることは、皇室として避けるべきと判断し、その旨宮内庁に伝えました。

皇太子の発言の内容については、その後、何回か皇太子からも話を聞いたのですが、まだ私に十分に理解しきれぬところがあり、こうした段階での細かい言及は控えたいと思います。

親子でありながらなかなかお互いを理解できない、いや、親子だからこそ理解できないこともある。そのうえで、陛下は苦しい胸のうちをこうして明かされたのである。

どんな家族にも、その家族でなければわからない苦しみや悩みがある。

雅子さまのご体調の問題を契機に、世間では天皇家における「不協和音」とも解されかねないような事態が生じた。しかし、雅子さまのご体調も急速な回復の兆しが見られ、一般参賀や園遊会などで元気なお姿をお見せになられている。国民は、新しい皇后陛下としてのなさりようを、静かに見守っていくべきだろう。

平成30年5月16日。その雅子さまのお姿が美智子さまとともにあった。場所は東京渋谷区の明治神宮会館。美智子さまが名誉総裁を務められる日本赤十字の全国大会に出席されたのである。美智子さまは平成の幕開けとともに香淳皇后から名誉総裁を引き継がれたのだが、この回が最後のご出席となった。

会の終盤、美智子さまは立ち上がられ、雅子さまを誘《いざな》うように壇の中心にお進みになった。そして、美智子さまのもとに歩み寄られた雅子さまの右肘《ひじ》に左手で触れながら、参加者に雅子さまを紹介されるかのように微笑まれた。さらにお二人揃《そろ》って、2度、3度とお辞儀をなさったのである。それはまさに名誉総裁の「バトンタッチ」を意味していた。

雅子さまも控えめながら微笑まれていた。そのご表情からは、ご体調の不安は感じられず、しっかりとお役目を引き継がれるご決意が窺《うかが》えたのである。

バトンタッチ

日本赤十字名誉総裁は美智子さまから雅子さまへ引き継がれる（写真は平成６年５月18日、全国赤十字大会の会場で）

示された「理想の夫婦」像

平成21年4月、天皇皇后両陛下はご成婚50年の金婚式を迎えられた。

両陛下のご成婚は昭和34年4月10日。その日は前日からの激しい雨も上がり、祝賀パレードの馬車が皇居から常磐松《ときわまつ》の東宮仮御所（渋谷区、現在の常陸宮邸）に向かうころには、東京の空はすっかり晴れ上がっていた。8・18キロのパレードコースの沿道は53万人もの人々で埋めつくされ、1500万人を超す人々がテレビの中継に見入ったと伝えられている。

ご結婚から半世紀という長い歳月の間には、高度経済成長からバブル崩壊、いくつもの災害や政権交代などが起き、世相や人の価値観も大きく変わった。

そんな時代のなかで、両陛下は皇太子、皇太子妃として皇室に新しい風を吹き込まれた。乳母制度をやめてお手許でお子さまたちをお育てになり、東宮御所にキッチンを作られ美智子さま自らがお料理をするなどの〝改革〟にも取り組まれた。そして、そのお暮らしぶりは多くの国民にとって理想の家庭像として受け入れられもした。

「世紀のご成婚」から50年――4月10日のご結婚記念日に先立ち、美智子さまとお揃いで記者会見に臨まれた天皇陛下は、おふたりで歩んでこられた歳月を振り返り、象徴天皇としてのあり方や皇室の伝統などに触れながら、美智子さまへの思いをしみじみと語られた。

折々の陛下のお言葉のなかでも、このときの美智子さまを語るお言葉ほど喜びに満ち、そして愛情に溢《あふ》れたものはなかっただろう。

ここには常日頃、陛下が向けられている世界や国内への温かな視線、自然や人々に対してのお心などを十分に汲み取ることができるだけでなく、美智子さまとつねに二人三脚で歩んでこられた「理想の夫婦」像があるように思える。

私どもの結婚50年を迎える日も近づき、多くの人々からお祝いの気持ちを示されていることを誠にうれしく、深く感謝しています。（中略）

顧みますと、私どもの結婚したころは、日本が、多大な戦禍を受け、310万人の命が失われた先の戦争から、日本国憲法の下、自由と平和を大切にする国として立ち上がり、国際連合に加盟し、産業を発展させて、国民生活が向上

昭和34年4月10日、馬車は東京の空の下をゆるやかに進んだ

世紀のご成婚

し始めた時期でありました。その後の日本は、更なる産業の発展に伴って豊かになりましたが、一方、公害が深刻化し、人々の健康に重大な影響を与えるようになりました。また都市化や海、川の汚染により、古くから人々に親しまれてきた自然は、人々の生活から離れた存在となりました。

結婚後に起こったことで、日本にとって極めて重要な出来事としては、昭和43年の小笠原《おがさわら》村の復帰と昭和47年の沖縄県の復帰が挙げられます。両地域とも先の厳しい戦争で日米双方で多数の人々が亡くなり、特に沖縄県では多数の島民が戦争に巻き込まれて亡くなりました。返す返すも残念なことでした。

50年前の日本を振り返りつつ、変化する時代とともに生きてきたことを強調された天皇陛下。

そして、美智子さまについては以下のように述べられている。それは皇室に民間から嫁がれてきた美智子さまが、どれだけ苦労を重ねられていたかをご覧になってきた陛下ならではのお心遣いに満ちたお言葉だった。

皇后は結婚以来、常に私の立場と務めを重んじ、また私生活においては、昭和天皇を始め、私の家族を大切にしつつ私に寄り添ってきてくれたことをうれしく思っています。

不幸にも若くして未亡人となった私の姉の鷹司《たかつかさ》神宮祭主のことはいつも心に掛け、那須、軽井沢、浜名湖《はまなこ》でよく夏を一緒に過ごしました。

姉は自分の気持ちを外に表さない性格でしたが、あるとき、昭和天皇から私どもと大変楽しく過ごしたと聞いたがどのように過ごしたのかというお話があったことがありました。皇后は兄弟の中で姉だけを持たず、私との結婚で姉ができたことがうれししく、誘ってくれていたようなのですが、このときの昭和天皇が大変喜ばれた様子が今でも思い出されます。

私ども二人は育った環境も違い、特に私は家庭生活をしてこなかったので、皇后の立場を十分に思いやることができず、加えて大勢の職員と共にする生活には戸惑うことも多かったと思います。

しかし、何事も静かに受け入れ、私が皇太子として、また天皇として務めを果たしていく上に、大きな支えとなってくれました。

陛下のこのお言葉に続けて、美智子さまはこうお話しになった。

結婚以来、今日まで、陛下はいつもご自分の立場を深く自覚なさり、東宮でいらしたころには将来の象徴として、後に天皇になりになってからは、日本国、そして国民統合の象徴として、ご自分のあるべき姿を求めて歩んでこられました。こうしたご努力の中で、陛下は国や人々に寄せる気持ちを時と共に深められ、国の出来事や人々の喜び悲しみにお心を添わせていらしたように思います。

50年の道のりは、長く、時に険《けわ》しくございましたが、陛下が日々真摯にとるべき道を求め、指し示してくださいましたので、今日までご一緒に歩いてくることができました。陛下のお時代を、共に生きることができたことを、心からうれしく思うとともに、これまで私の成長を助け、見守り、励ましてくださった大勢の方たちに感謝を申し上げます。

質問の中にある「皇室」と「伝統」、そして「次世代への引き継ぎ」ということですが、陛下はご即位に当たり、これまでの皇室の伝統的行事及び祭祀とも、昭和天皇の御代のものをほぼ全部お引き継ぎになりました。また、皇室が過去の伝統と共に、「現代」を生きることの大切さを深く思われ、日本各地に住む人々の生活に心を寄せ、人々と共に「今」という時代に丁寧にかかわりつつ、一つの時代を築いてこられたように思います。

伝統と共に生きるということは、時に大変なことでもありますが、伝統があるために、国や社会や家が、どれだけ力強く、豊かになれているかということに気付かされることがあります。一方で型のみで残った伝統が、社会の進展を阻んだり、伝統という名の下で、古い慣習が人々を苦しめていることもあり、この言葉が安易に使われることは好ましく思いません。

プロポーズの言葉の真実

天皇皇后両陛下がご結婚されるまでの経緯は、もはや説明するまでもないだろう。軽井沢での〝テニスコートの恋〟を実らせたお2人は、まさに高度成長期の日本の象徴だった。民間出身のお妃の美智子さまは〝ミッチー〟と呼ばれ親しまれ、多くの国民はそのシンデレラストーリーに思いを馳せた。

金婚式をお迎えになる記者会見で天皇陛下は、初めて民間出身の皇太子妃として皇室に入られた美智子さまを労《ねぎら》われた。

私の立場と務めを重んじ、昭和天皇をはじめ私の家族を大切にしつつ、私に寄り添ってくれたことをうれしく思っています。

その美智子さまは、陛下に感謝のお言葉を返された。

50年前、普通の家庭から皇室という新しい環境に入りましたとき、不安と心細さで心が一杯でございました。今日こうして陛下のおそばで、金婚の日を迎えられることを、本当に夢のように思います。

だが、ここに至るまでの道のりは両陛下にとって、そう平坦なものではなかったはずである。記者は次のような質問をした。

《両陛下にお尋ねします。お二人が知り合われてからこれまでにさまざまなお言葉のやり取りがあったと思います。いろいろなエピソードが伝わっておりますが、陛下はどのようなお言葉でプロポーズをされ、皇后さまは陛下にどのようなお言葉を伝えてご結婚を決意されましたか。

銀婚式を前にした会見では、陛下は皇后さまに「努力賞」を、皇后さまは陛下に「感謝状」をそれぞれ差し上げられたいと述べられましたが、あらためて今、お互いにお言葉を贈られるとすれば、どのようなお言葉になりますか。

ご夫婦としてうれしく思われたこと、ご苦労されたこと、悲しまれたこと、印象に残った出来事、結婚されてよかったと思われた瞬間のこと、ご夫婦円満のため心掛けられたこ

となど、お伺いしたいことは多々ございますが、お二人の50年間の歩みの中で、お心に残ったことについて、とっておきのエピソードを交えながらお聞かせください》

記者の両陛下への質問は、あらかじめ宮内庁にその内容を提出してあるだけに、突然、思いもよらない質問や答えが出てくるわけではない。質問に対して天皇陛下は事前に何度も推敲を重ねた原稿を用意され、お答えになる。

ときには、「あらかじめ提出された質問に、あらかじめ用意されたお答えでは、おもしろくないではないか」という声も聞こえるが、陛下のお答えはいつも聞くものの心を揺さぶる。それは、陛下の誠実なお人柄が言葉の端々に偲《しの》ばれるからなのであろう。

私のプロポーズの言葉は何かということですが、当時何回も電話で話し合いをし、ようやく承諾をしてくれたことを覚えています。プロポーズの言葉として一言で言えるようなものではなかったと思います。

何回も電話で話し合いをし、私が皇太子としての務めを果たしていく上で、

テニスコートの恋

あまりにも有名になった1枚。陛下は昭和32年8月、軽井沢のテニスコートで美智子さまと出会われ、愛を育んでこられた。1年後の昭和33年11月にご婚約発表。翌昭和34年4月、結婚の儀を終えられた。写真はご婚約後の昭和33年12月6日、麻布の東京ローンテニスクラブで

その務めを理解し、支えてくれる人がどうしても必要であることを話しました。承諾してくれたときは本当にうれしかったことを思い出します。

この天皇陛下の「プロポーズの言葉」は、以前に何度も取り沙汰されたことがあった。陛下は美智子さまに、「**柳行李《やなぎごうり》ひとつできてほしい**」の言葉でプロポーズされた、というのだ。そして、この言葉がずっと一人歩きをしていたのである。

しかし、陛下はこの金婚式より8年前、平成13年のお誕生日の際の記者会見で、次のように否定されたのである。

報道上のことになりますが、プライバシーを守ることは、他人の尊厳を守ることであり大切なことです。また、プライバシーに関する誤った報道は、これを正すことは非常に難しく、時には、長期間にわたって誤った報道が社会に流れていくことになります。

おかしな例ですが、私が「柳行李一つで」と皇后に結婚を申し込んだと今も言われていますが、このようなことは私は一言も口にしませんでした。

この会見は、皇太子殿下と雅子さまに愛子さまがお生まれになったすぐ後に行なわれている。愛子さまご誕生の前には、雅子さまのご懐妊報道に続き、稽留流産《けいりゅうりゅうざん》という悲しい出来事があったこともあり、愛子さまのご成長をどう公開するかも含め、皇室のプライバシーに皇室も国民も神経質になっていた時期でもあった。

こうした背景での陛下のお言葉だった。

また「柳行李ひとつで」という言葉は、両陛下のご成婚当時の記者が得た情報によって世に出たものといわれるが、その情報がどこからもたらされたものかは定かではない。

「努力賞」と「感謝状」

前掲した金婚式での記者の質問にある「努力賞」と「感謝状」は、昭和59年4月、天皇皇后両陛下が皇太子と皇太子妃でいらしたとき、銀婚式の記者会見で述べられたお言葉である。記者が次のような質問をした。

《お互いに点数をつけられるとしたら何点をさしあげるのでしょうか》

このとき天皇陛下は、にこやかに美智子さまに向かわれ、こうおっしゃった。

点をつけるのは難しいけれど、努力賞を。

これに対して、美智子さまは、少しはにかまれながら、お答えになった。

殿下のお導きがなければ何もできませんでした。私もお点ではなく、感謝状を。

そして金婚式の記者会見で「あらためて今、どのようなお言葉を贈られるか」との質問に、陛下はこうお答えになった。

結婚50年に当たって贈るとすれば感謝状です。

20年ぶりにダンスをご披露

平成25年4月12日、国際福祉協会創立60周年記念のチャリティー舞踏会で

皇后はこの度も「努力賞がいい」としきりに言うのですが、これは今日まで続けてきた努力を嘉《よ》みしての感謝状です。本当に50年間よく努力を続けてくれました。その間にはたくさんの悲しいことや辛いことがあったと思いますが、よく耐えてくれたと思います。

時折、互いを慈しむように見つめ合い、また感謝の気持ちを伝え合うかのように小さくおじぎを繰り返された両陛下のお姿は多くの共感を呼んだ。

この会見の50年前、当時、皇太子だった天皇陛下と美智子さまのご婚約が整い、4日後には結婚式を迎えられるという4月、陛下は赤坂プリンスホテルで行なわれていた学習院の同窓会で、ご学友の橋本明《はしもとあきら》氏（故人・当時は共同通信記者）のインタビューにこう答えられていた。

皇太子《私は公の仕事と私生活をきっちり分けて結婚生活をするつもりだ》

橋本氏《皇室の基礎固めのための結婚と評論する向きもありますが》

皇太子《ぼくは彼女を好きになって結婚するんです。社会学的にみられるのはどうも弱

い。とてもかなわない。国民も、人間味というか、二人の触れ合いといったものから、この結婚を考えてほしいのです》

「彼女を好きになって結婚するんです」――このご発言を裏づけるようなエピソードがある。写真家のムトー清次《せいじ》氏が明かしてくれた。昭和33年の初夏のことである。

「当時、私は日本大学芸術学部の4年生でした。渋谷の宮益坂上《みやますざかうえ》に東京富士《ふじ》写真という大きな写真店があり、私は機材や印画紙などを購入するためよく出入りしていたのですが、あるとき、そこの店主から『皇太子殿下に、新しいレンズの使い方をご説明に上がってくれ』と依頼されたのです」

新しいレンズとは、日本光学（現・ニコン）から発売されて間もない「マイクロニッコール50㎜」というものだった。

「陛下はもともとカメラがお好きで、よく写真をお撮りになっていらした。東京富士写真は常盤松の東宮仮御所（現・常陸宮邸）から徒歩10分と近く、陛下の撮影されたフィルムの現像、プリントを発注しに侍従職が足を運んでいたそうです。その縁で、ニコンのマイクロレンズにご関心を示された陛下のご説明役として、店主に白羽の矢が立ったわけです。だから当初は店主が参内する予定だったのですが、指定された日時が近づくにつれて『畏《おそ》れ多い』とばかりに緊張してしまったようで、とうとう私に『君がやれ』と」

当日、ムトー氏は写真店の店主が運転するシボレーで常盤松へ向かった。門を通り敷地内に入ると、右手に生物学研究所があった。よく知られるように天皇陛下は、ハゼ類の研究を専門とされる海洋生物学者である。件《くだん》のマイクロレンズは、動植物など小さな個体を接写できる最新鋭の機器だった。

「店主を応接に残し私だけが研究室に通されると、ワイシャツ姿の陛下がお出ましになったのでご挨拶申し上げ、レンズのご説明に入りました。使い方はレンズをカメラのボディに装着するだけで簡単なのですが、陛下は私のご説明に『そうですか』と、一つひとつお答えくださいます。とてもご興味を持たれたように思えました」

そこでムトー氏は陛下にこう申し上げたという。

《殿下、このマイクロレンズがお気に召されたのでしたら、お求めになられてはいかがですか》

すると陛下は、意外なお答えをされた。

《私の口から商品を指して、求めたいとは言えないのです。生物学研究の予算は年間40万

円と会計年度の初めに定められています》

日本国憲法第88条には《すべて皇室の費用は、予算に計上して国会の議決を経《へ》なければならない》とある。その細目《さいもく》は昭和22年施行の皇室経済法が定めている。皇太子時代の天皇陛下は、決められた予算を逸脱する新規の商品購入をしてはならない、と律せられていたのだ。

「陛下は、マイクロレンズを求めるのなら来年度の予算に計上したい、という趣旨のお話をされました。私のような庶民は、皇族といえば華美《かび》な生活をされているのだろうと想像していましたから、実に質素になさっていることに、驚くと同時に敬服したものです」

さらにムトー氏には意外な発見があった。

「これは後に知ることになるのですが、東京富士写真に持ち込まれた陛下のフィルムには、美智子さまのお姿が何葉《よう》も撮影されていました。まるで彼氏が彼女を撮ったような微笑ましいスナップです。

思えば、陛下と美智子さまが出会われたのが昭和32年の8月で、ご婚約発表が昭和33年11月27日でした。私がレンズのご説明に参上したころ、両陛下はご交際の期間にいらしたことになります。陛下が美智子さまをご愛用のカメラで撮影されたのも当然なのですね」

うれしかった花

美智子さまを純粋に思われる天皇陛下の飾らないお気持ちは、50年の歳月を経て少しもお変わりにはなっていないのである。金婚式の記者会見での陛下のお言葉を続けよう。


夫婦としてうれしく思ったことについての質問ですが、やはり第一に二人が健康に結婚50年を迎えたことだと思います。

二人のそれぞれの在り方についての話合いも含め、何でも二人で話し合えたことは幸せなことだったと思います。

皇后はまじめなのですが、面白く楽しい面を持っており、私どもの生活に、いつも笑いがあったことを思い出します。また、皇后が木や花が好きなことから、早朝に一緒に皇居の中を散歩するのも楽しいものです。私は木は好きでしたが、結婚後、花に関心を持つようになりました。

語らひを重ねゆきつつ気がつきぬわれのこころに開きたる窓

婚約内定後に詠んだ歌ですが、結婚によって開かれた窓から私は多くのものを吸収し、今日の自分を作っていったことを感じます。結婚50年を本当に感謝の気持ちで迎えます。

これに対して、美智子さまも素敵なお言葉を返された。

そのお言葉を紹介する前に、記しておきたいことがある。いつもながらに思うことなのだが、美智子さまのお言葉は多くの人を魅了する情感に溢れている。その背景には、お若いころから大の読書家であり、自ら童話をもお書きになるほどの素養がある。お小さいときのご長女・黒田清子さん（嫁がれるまでは紀宮《のりのみや》さま）のために書かれた『はじめてのやまのぼり』や、まどみちおさんの詩集の英訳など素晴らしい仕事をなさっている。

また美智子さまは、スイスのバーゼルに本部を置く「国際児童図書評議会」（ＩＢＢＹ）の名誉総裁も務められている。ここは世界の児童文学の研究・調査、発展途上国の子どもたちへの本の普及や本を介しての子どもたちの国際交流を促進するための組織で、美智子さまは平成10年のインドのニューデリーで開かれた第26回大会、そして平成14年の創立50周年記念大会で、ビデオによる講演もされているのだ。

さらに美智子さまは、多くのすぐれた和歌を詠まれており、歌集も出版されている。その御歌に接すれば、美智子さまが現代の一流歌人のひとりと評されるのも領《うなず》けるだろう。

こうして紡《つむ》ぎだされたお言葉は優しさと愛しさに溢れ、気品と美しさに満ち、そのまま陛下に寄せられるお気持ちとなって表現される。


たくさんの質問があって、全部はお答えできないかもしれません。とりわけ婚約のころのことは、50年を越す「昔むかし」のお話でプロポーズがどのようなお言葉であったか正確に思い出すことができません。

また銀婚式を前にしてお尋ねのあった同じ質問に対してですが、この度も私はやはり感謝状を、何かこれだけでは足りないような気持ちがいたしますが、心を込めて感謝状をお贈り申し上げます。


まず、このようにお答えになった後、さらに美智子さまの素敵なエピソードを交えながらのお言葉が続いた。

次の「夫婦としてうれしく思ったこと」。このようなお答えでよろしいのか、嫁いでー、2年のころ、散策にお誘いいただきました。赤坂のお庭はくもの巣が多く、陛下は道々くもの巣を払うための、確か寒竹《かんちく》だったか、葉のついた細い竹を2本切っておいでになると、その2本を並べてお比べになり、一方の丈を少し短く切って、渡してくださいました。ご自分のよりも軽く、少しでも持ちやすいようにと思ってくださったのでしょう。

今でもそのときのことを思い出すと、胸が温かくなります。

昭和天皇の崩御後、天皇陛下はご多忙な日々の中、皇太后さまをお気遣いになり、様々に配慮なさるとともに、昭和天皇が未完のままお残しになったそれまでのご研究の続きを、どのような形で完成し、出版できるか、また昭和天皇の残されたたくさんの生物の標本を、どうすれば散り散りに分散させず、大切にお預かりする施設に譲渡できるかなど、細やかにお心配りをなさいました。

こうしたご配慮の下、平成元年の末には「皇居の植物」が、平成7年には「相模湾産ヒドロ虫類」の続刊が刊行され、また平成5年には昭和天皇ご使用の顕微鏡やたくさんの標本類が国立科学博物館に、平成7年には、鳥類の標本が山階《やましな》鳥類研究所に、それぞれ無事に納《おさ》められました。「印象に残った出来事は」という質問を受け、このときの記憶がよみがえりました。

「結婚してよかったと思った瞬間は」という難しいお尋ねですが、もうエピソードはこれで終わりにさせていただいて、本当に小さな思い出を一つお話しいたします。

春、辛夷《こぶし》の花がとりたくて、木の下でどの枝にしようかと迷っておりましたときに、陛下が一枝を目の高さまで降ろしてくださって、そこに欲しいと思っていたとおりの美しい花がついておりました。うれしくて、後に歌にも詠みました。歌集の昭和48年のところに入っていますが、でも、このようにお話をしてしまいましたが、それまで一度も結婚してよかったと思わなかったということではありません。

この50年間、陛下はいつも皇太子、また天皇としての、お立場を自覚なさりつつ、私ども家族にも深い愛情を注いでくださいました。陛下が誠実で謙虚な方でいらっしゃり、また常に寛容でいらしたことが、私がおそばで50年を過ごしてこられた何よりの支えであったと思います。

「うれしくて、後に詠まれた和歌」とは――。

《仰ぎみつつ花えらみゐし辛夷の木の枝さがりきぬ君に持たれて》

家庭を持つまでは――

ご結婚40年目をお迎えになった平成11年、天皇陛下はお誕生日の記者会見で「家族」というものについて、こう述べられた。

現在、皇太子と秋篠宮はそれぞれ結婚して皇居と離れた赤坂御用地に住まい、紀宮が私と皇后と共に皇居に住んでいます。

私にとって家庭は心の平安を覚える場であり、務めを果たすための新たな力を与えてくれる場でありました。また、実際に家族と生活を共にすることによって、幾らかでも人々やその家族に対する理解を深めることができたと思います。

陛下にとって美智子さまとの出会いは、まさに人生の大きな転機だった。

陛下は美智子さまへの思いを、しばしば口にされている。

平成5年の60歳のお誕生日の記者会見では、還暦に際しもっとも印象に残っていることを記者に問われると、こうお答えになっている。

私自身のことに関しましては、結婚が挙げられます。温かみのある日々の生活により、幸せを得たばかりでなく、結婚を通して自分を高めたように感じま

お子さまたちと

生後間もない黒田清子さんを抱かれる美智子さま。皇太子殿下（右）と秋篠宮殿下（左）が見守られている（昭和44年8月12日）

皇太子、秋篠宮両ご一家と須崎の浜辺を散策される（平成14年8月）

す。

さらに平成16年、70歳のお誕生日会見では、次のように述べておられる。

私自身にとり、深い喜びをもたらしてくれたのは皇后との結婚でした。どのようなときにも私の立場と務めを大切にし、深く寄り添ってきてくれたことは心の安らぐことであり、感謝しています。

ご結婚によって天皇陛下がいかに「安らぎ」と「幸せ」を得られたか。美智子さまの存在なくしてはありえないのだ。

ただ、両陛下は、結婚される前から「家族」というもののイメージをはっきりと描いておられたようだ。当時「皇室改革」と呼ばれた両陛下のいくつかのご決断は、「ごく普通の家族」を求める陛下のお気持ちを表わされたものだった。

たとえば、皇太子殿下がお生まれになったときに廃止された「乳母《めのと》制度」もそうである。

《わが子を膝元に置き、同じ屋根の下でスキンシップを大切に育てたい》

陛下と美智子さまはご結婚前からお2人で話し合われていたという。

それまでの皇室では、お子さまが生まれると必ず「乳母」、つまり母親に代わって授乳する女性が選ばれた。さらに「傅育官」と呼ばれる専用の養育係がついた。陛下もご幼少のころは、ご両親やごきょうだいのもとを離れ、おひとりで傅育官に育てられたのである。

だからこそ、天皇陛下と美智子さまは古い皇室のしきたりを見直し、親と子が一緒に暮らし、子育てをするという、一般社会と同じような「ごく普通の家庭」を築かれようとした。

ご婚約中、天皇陛下は美智子さまにこうお話しになったという。

僕は、家庭を持つまでは、絶対に死んではいけないと思っていた。

それほど陛下は、家庭の温かさを切望されていたのである。

「公人」と「私人」の間で

天皇陛下がご家族のことをお話しになるとき、それは父として、祖父としての「私」の部分である。その一方で陛下は、常に天皇という厳格な「公」の役割も担《にな》っておられる。だが、陛下にとって家庭という「私」の部分は、厳しいお務めに臨まれる原動力ともなっている。

美智子さまは陛下とのご婚約時代のことを振り返り、こうおっしゃったことがある。

度重なる長いお電話のお話しの間、殿下はただの一度もご自身のお立場への苦情をお述べになったことはおありになりませんでした。またどんな時にも皇太子と遊ばしての義務は最優先であり、私事はそれに次ぐものとはっきり仰《おお》せでした。

長く「象徴天皇とは何か」を模索してこられた陛下である。自らが究極の「公人」であることは、お生まれになったときからの宿命であることを、つねに自覚されていたことが

子育てとプライバシー

浩宮さま満１歳のお誕生日。東宮御所で遊ばれる(昭和 36 年２月)

横浜の「こどもの国」で、すべり台を楽しまれる８歳の浩宮さま(昭和 43 年６月３日)

わかる。

そして、天皇陛下が「私人」である前に「公人」であることをもっともよく理解されているのは、美智子さまをおいてほかになかった。

アメリカで同時多発テロが起き、重い空気が世界を覆っていた平成13年、皇室におめでたい出来事があった。12月1日、皇太子ご夫妻に待望のお子さま、愛子さまがお生まれになったのである。

この年のお誕生日会見で、陛下は率直にそのお喜びのお気持ちを表わされながら、ご自身が初めてお子さまを持たれたときのことにも触れられた。


無事に内親王が誕生し、多くの国民が喜んでくれたことをうれしく思っています。関係者の努力に感謝する次第です。また、諸外国の元首からもお祝いの言葉を頂きました。

母子共に健《すこ》やかな様子に安堵《あんど》しつつ、私どもが子供たちと過ごした遠い日々のことが思い起こされました。自然の流れで、私どもは子供を手元で育てましたが、公務と育児の両立という点で、皇后にとり子育ては長く厳しい年月であったと思います。

皇太子誕生の年に、私どもは米国、イラン、エチオピア、インド、ネパールの5か国を2度にわたって訪問しましたが、最初の米国訪問の時は、授乳期間をかろうじて終わっての出発でした。

皇后は、育児のために公務や私の生活に支障を及ぼさないよう常に心遣っていました。また、昭和天皇と香淳皇后が育児を許してくださったことへの感謝と、周囲の人々に助けられて育てているという自覚を常に持っていたことを、私はうれしく思っています。

皇太子殿下がお生まれになった昭和35年当時、天皇陛下と美智子さまの子育てについて、さまざまな報道がなされた。先に記したが、乳母制度の廃止や、お住まいの御所にキッチンを作られ美智子さま自らがお料理を作られるなど、それまでの皇室では考えられなかった「改革」を実行された。すべてが皇室にとっての〝新しい風〟だった。

それらは国民的関心事として注目され、国民の憧れの的《まと》となったが、その一方で「プライバシー」の問題も浮かび上がってきた。
陛下は、皇室の公的な面と私的な面との兼ね合いをどのようにすべきか、大変苦慮されておいでのようだった。

皇族が、プライバシーを保ちつつ、国民の関心にどのようにこたえていくかということは、常に難しい問題だと思います。子供との関係で言いますと、私どもは、極力子供の私生活を守ることに努力してきましたが、一方で、皇室の子供が、健やかに育っているという姿を国民に見せてほしいという要請にもこたえていく義務があると思います。一回一回不安を抱えながら、二人して相談し、宮内庁とも相談してこの問題に対処してきたつもりです。これからは、皇太子夫妻が二人で責任を持って、周囲の意見を聞きつつ判断していってほしいと思っております。

（平成13年12月18日、お誕生日に際しての記者会見）

さらに、自らのお立場を意識されたときのことに触れ、こう述懐された。

皇室の活動について公私の兼ね合いのことですが、私が育ったころは、未成年の皇族が公的行事に参加するということは、ほとんどありませんでした。私が公的立場への自覚を深めたのは、18歳で成年式と立太子礼を挙げ、その後、欧米諸国を旅したころからでありましたが、自分の役割を深く考えるようになったのは、結婚を境にしてでありました。比較的早く３人の父となり、その間に公務も増え、昭和天皇の名代として外国を訪問することもありました。私にとり、家族は大切でありましたが、昭和天皇をお助けし、国際儀礼上の答礼訪問を含め国や社会のために尽くすことは、最も重要なことと考えてきました。

皇后が私のそのような考えを十分に理解し、また、子供たちにも理解させてきたことを感謝しています。

また、「私人」である前に「公人」であることを最優先させてこられたのは、お立場を超えてなお、陛下の誠実なお人柄であろうか。

私どもは、やはり私人として過ごすときにも、自分たちの立場を完全に離れることはできません。

ただ、行事などで、立場上の必然性から天皇として臨む場合と、より私的に自分自身を高め充実した自己を作るために臨む場合とに分けられ、その比重は、前者の方に多く掛かっております。

嫁ぐ娘に

天皇陛下と美智子さまは3人のお子さまに恵まれた。

第一男子は、浩宮徳仁親王。皇太子殿下（昭和35年2月23日生）。

第二男子は、礼宮文仁親王《あやのみやふみひと》。秋篠宮殿下（昭和40年11月30日生）。

第一女子は、紀宮清子内親王。現・黒田清子さん（昭和44年4月18日生）。

なかでも、黒田清子さんに対する両陛下の思いは、末娘であっただけに可愛さはひとしおだったろう。皇族としてお生まれになった女性は、天皇か皇族男子と婚姻関係を結ばないかぎり、結婚を機に皇籍を離れねばならない。これもまた皇室に生まれた清子さんの宿命だった。それだけに、美智子さまは清子さんに対しては、結婚されて一般社会でお暮らしになるときのことを考え、普通の生活が送れるようにと、そのための教育にもお心を砕かれた。

美智子さまは、清子さんが８歳になるころから毎年のように、小旅行を10年間もお続けになった。母と娘で各地を巡り、お布団を並べてお泊まりにもなられた。母子水入らずの時間は、お２人にとって貴重な思い出となられたはずである。

ご結婚以来、何かとご苦労の多かった美智子さまには、愛娘・清子さんの存在は大きな心の支えになっていた。

その清子さんが結婚されたのは平成17年11月15日。お相手は兄・秋篠宮殿下の仲のいい同級生だった東京都職員の黒田慶樹《よしき》氏。結婚式は東京・帝国ホテルで神式にて執《と》り行なわれた。両陛下はもちろん、皇太子ご夫妻、秋篠宮家の人々、ほか皇族方、黒田家の人々が祝いの宴《うたげ》に出席された。

この年の10月、71歳のお誕生日をお迎えになる美智子さまは、嫁ぎゆく愛娘に対する思いを、文書による回答のなかで次のように発表された。

清子は昭和44年4月18日の夜分、予定より2週間程早く生まれてまいりました。その日の朝、目に映った窓外の若葉が透き通るように美しく、今日は何か特別によいことがあるのかしら、と不思議な気持ちで見入っていたことを思い出します。

自然のお好きな陛下のお傍で、二人の兄同様、清子も東宮御所の庭で自然に親しみ、その恵みの中で育ちました。小さな蟻《あり》や油虫の動きを飽きることなく眺めていたり、ある朝突然庭に出現した、白いフェアリー・リング（妖精の輪と呼ばれるきのこの環状の群生）に喜び、その周りを楽しそうにスキップでまわっていたり、その時々の幼く可愛い姿を懐かしく思います。

内親王としての生活には、多くの恩恵と共に、相応の困難もあり、清子はその一つ一つに、いつも真面目に対応しておりました。制約をまぬがれぬ生活ではありましたが、自分でこれは可能かもしれないと判断した事には、慎重に、しかしかなり果敢に挑戦し、控え目ながら、闊達《かったつ》に自分独自の生き方を築いてきたように思います。

母と娘

紀宮さま（黒田清子さん）の学習院幼稚園卒業遠足。手をつなぎ歩かれる。このとき紀宮さま6歳、美智子さま41歳（昭和51年3月5日）

穏やかで、辛抱強く、何事も自分の責任において行い、人をそしることの少ない性格でした。（中略）

清子の嫁ぐ日が近づくこの頃、子どもたちでにぎやかだった東宮御所の過去の日々が、さまざまに思い起こされます。

浩宮（東宮）は優しく、よく励ましの言葉をかけてくれました。礼宮（秋篠宮）は、繊細に心配りをしてくれる子どもでしたが、同時に私が真実を見誤ることのないよう、心配して見張っていたらしい節《ふし》もあります。年齢の割に若く見える、と浩宮が言ってくれた夜、「本当は年相応だからね」と礼宮が真顔で訂正に来た時のおかしさを忘れません。

そして清子は、私が何か失敗したり、思いがけないことが起こってがっかりしている時に、まずそばに来て「ドンマーイン」とのどかに言ってくれる子どもでした。

これは現在も変わらず、陛下は清子のことをお話になる時、「うちのドンマインさんは…」などとおっしゃることもあります。あののどかな「ドンマーイン」

を、これからどれ程懐かしく思うことでしょう。

質問にあった「贈る言葉」は特に考えていません。その日の朝、心に浮かぶことを清子に告げたいと思いますが、私の母がそうであったように、私も何も言えないかもしれません。

母親としてのかぎりない愛と、嫁ぐ娘を見送る喜びのなかに滲ませた一抹の寂しさ――このお言葉に触れた人たちは涙を誘われたことだろう。

41年ぶりの皇子誕生

平成18年（2006年）9月6日、秋篠宮家に悠仁さまがお生まれになった。父の秋篠宮殿下以来、皇室にとって41年ぶりの親王さまご誕生に日本中が沸《わ》いた。

この年のお誕生日の記者会見は、天皇陛下にとって特別なものだったろう。お言葉を述べられるご表情がいつもより晴れやかなように見受けられた。

紀子さまのご懐妊を耳にされたときのお気持ちや、またご出産までの約10カ月、紀子さまをどのように見守られたのか、さらに悠仁さまと対面されたときのお気持ちなどを聞かれた陛下は、こうお述べになった。

懐妊の兆候があることは聞いていましたが、安心な状況というばかりの話ではなかったので、検査の結果順調に懐妊しているということを宮殿で侍従長から聞いた時には本当にうれしく感じました。

その後、秋篠宮妃には、つわりや大出血の可能性のある前置胎盤の症状が生じましたが、それを乗り越え、無事悠仁を出産することができました。秋篠宮妃には喜びと共に心配や苦労の多い日々であったと思います。予定日より早い帝王切開での出産でしたが、初めて会った時には立派な新生児だと感じました。

（中略）

最近の悠仁の様子として目に浮かぶのは、私の近くでじっとこちらを見つめているときの顔です。

男子である悠仁さまの皇位継承順位は、皇太子殿下、父・秋篠宮殿下に次いで第3位となる。その悠仁さまのご誕生に特別な思いを抱かれないはずはないだろう。

だがその一方で、天皇陛下のお言葉のなかには、雅子さまの長引くご療養に苦しむ皇太子ご一家へのお気遣いもあったように思われる。

なぜならこの年の8月、皇太子ご一家は雅子さまのご療養のためオランダをご訪問。ご親交のあるオランダ王室のベアトリクス女王（前）、アレクサンダー皇太子（現・国王）、マキシマ皇太子妃（現・王妃）らとの交流のなかで、元気を取り戻された雅子さまを、陛下は静かに見守っておられたのである。

皇太子ご一家にも、お孫さまである愛子さまがいらっしゃる。このとき、可愛い盛りの4歳。幼稚園に通いはじめた愛子さまについて、陛下はこう述べられた。


最近の愛子の様子については、皇太子妃の誕生日の夕食後、愛子が皇后と秋篠宮妃と相撲の双六《すごろく》で遊びましたが、とても楽しそうで生き生きとしていたことが印象に残っています。

ただ残念なことは、愛子は幼稚園生活を始めたばかりで、風邪を引くことも多く、私どもと会う機会が少ないことです。いずれは会う機会も増えて、うち解けて話をするようになることを楽しみにしています。

皇太子妃の健康の速やかな回復を念じていますが、身近に接している皇太子の話から良い方向に向かっていると聞き、喜んでいます。健康を第一に考えて生活していくことを願っています。

初めて口にされた「老い」

天皇陛下は平成15年1月、前年に前立腺がんと診断されたことから、前立腺全摘出手術を受けられた。このとき満70歳。古希《こき》のお祝いを迎える年齢になられていた。

この年のお誕生日の記者会見で陛下は、そのことに触れられた。


手術の結果は、かなりの程度確実にがんは取り切ることができたと思う、ということで、公務に復帰したころは、ＰＳＡ（引用者注・前立腺から分泌されるタンパク質）の値も下降しており、回復のために明るい気持ちで散歩に励んでいました。

しかし、その後にＰＳＡの値が微増してきました。今後のことは、皇室医務主管始め専門家の判断を仰ぐこととしています。

現在は公務も多く、忙しい日々を過ごしていて、病気のことを考えることはほとんどありません。公務をしっかり果たしていくことが、病気に当たって心を寄せられた多くの人々にこたえる道であると思っています。

いかなるときもけっして弱音を口にされない陛下だが、ご高齢にさしかかってのご病気だけに、このころを境にご公務の負担を軽減してはいかがかという意見が出てきた。

５年後、平成20年のお誕生日の記者会見はご体調を崩され、あらかじめ宮内記者会から提出された質問に文書で回答されるという形となった。

しばらくの間は、日程を軽くするようにとの医師の勧めに沿って、今回は、記者会見を取りやめることになりました。

私の健康について人々が心配してくれていることに感謝します。最近は、体調もひところに比べて、良くなってきているように感じています。

この年は北京オリンピック・パラリンピックでの日本人選手の活躍に沸いた年だった。また、物理学賞で3人、化学賞で1人の日本人がノーベル賞を受賞するなど明るいニュースがある一方で、4年前の新潟中越地震の被災地をあらためて訪問なさるなど、例年と同様に国民と苦楽を共にされる姿勢をお示しになられた。

昨今、私や家族の健康のことで、国民に心配をかけていることを心苦しく思います。私も、健康に問題がないとは言えませんが、医師の注意を守り、これからも国と国民のため、また、より良き皇室の姿を求めて務めていきたいと考えています。

天皇陛下は残念ながら、年々、ご体調を崩されることが多くなってきた。心臓の冠動脈バイパス手術を受けられた平成24年には、70代最後のお誕生日の会見で、陛下は初めて「老い」について触れられている。

今年は2月に心臓の手術を受け、多くの人々に心配を掛けました。誕生日に当たり、当時記帳に訪れてくれた人々を始め、今も私の健康を気遣ってくれている多くの人々に対し、感謝の気持ちを伝えたく思います。（中略）

社会の問題として心配されることは、高齢化が進んでいることであります。特に都市から離れた地方では大変深刻な問題になっていると思います。平成23年度の冬期の雪による死者は１３０人以上に達し、多くが除雪作業中の高齢者でした。私自身近年山道を歩く時、転びやすくなっていることを感じているので、高齢者が雪国で安全に住めるような状況が作られていくことを切に願っています。

若い時には高齢のため転びやすくなることなど考えてもみませんでした。

ともに80代という高齢となられても、なお、お務めに真摯に取り組まれる陸下と美智子さまのお姿を拝見している国民からは、ご公務のご負担の軽減が必要との声が次第に高まり、陛下には一定のご年齢に達せられた折には国事行為に専念され、それ以外のご公務は皇太子さまや秋篠宮さまに分担されてはどうかという意見も出るようになった。

しかし、当時の陛下のお言葉は実に明快だった。

天皇の務めには日本国憲法によって定められた国事行為のほかに、天皇の象徴という立場から見て、公的に関わることがふさわしいと考えられる象徴的な行為という務めがあると考えられます。毎年出席している全国植樹祭や日本学士院授賞式などがそれに当たります。

いずれも昭和天皇は80歳を越しても続けていらっしゃいました。負担の軽減は、公的行事の場合、公平の原則を踏まえてしなければならないので、十分に考えてしなくてはいけません。

今のところしばらくはこのままでいきたいと考えています。私が病気になったときには、昨年のように皇太子と秋篠宮が代わりを務めてくれますから、その点は何も心配はなく、心強く思っています。

「孤独」のなかで見つけられた幸せ

国民をテレビに釘付けにしたあの「生前退位」のビデオメッセージから半年、平成28年のお誕生日の記者会見は、いつになく寂しく感じられたものだった。

退位のご意志を強く滲ませたメッセージ。国民に理解してほしいという天皇陛下のお気持ちは、確実に届いているのだろうか――。

陛下はそのことについて、ただこうお触れになっただけだった。

8月には、天皇としての自らの歩みを振り返り、この先の在り方、務めについて、ここ数年考えてきたことを内閣とも相談しながら表明しました。

多くの人々が耳を傾け、各々の立場で親身に考えてくれていることに、深く感謝しています。

平成25年、80歳のお誕生日を迎えられた記者会見でのお言葉がある。

天皇という立場にあることは、孤独とも思えるものですが、私は結婚により、私が大切にしたいと思うものを共に大切に思ってくれる伴侶を得ました。皇后が常に私の立場を尊重しつつ寄り添ってくれたことに安らぎを覚え、これまで天皇の役割を果たそうと努力できたことを幸せだったと思っています。

本文中、天皇皇后両陛下、皇太子同妃両殿下、皇室ご一家のお言葉は、著者の取材記録に基づき、宮内庁が公表する「おことば・記者会見など」(http://www.kunaicho.go.jp/page/okotoba) および新聞報道などで確認・照合した。読みやすさを考慮し適宜、改行や振り仮名をつけたが、宮内庁による「おことば」の文字遣いや注記は原文のままとした。

(著者)

【主要参考文献】

橋本明『知られざる天皇明仁』(講談社) 2016年10月刊
明石元紹『今上天皇 つくらざる尊厳 級友が綴る明仁親王』(講談社) 2013年12月刊
小田部雄次『昭和天皇実録評解——裕仁はいかにして昭和天皇になったか』(敬文舎) 2015年9月刊
斉藤利彦『明仁天皇と平和主義』(朝日新聞出版) 2015年7月刊
山本雅人『天皇陛下の全仕事』(講談社) 2009年1月刊
山本雅人『天皇陛下の本心』(新潮社) 2014年11月刊
松崎敏弥『日本人なら知っておきたい皇室』(KADOKAWA) 2006年7月刊
浜尾実『皇后美智子さま』(小学館) 1996年3月刊
木下道雄『側近日誌』(文藝春秋) 1990年6月刊
高杉善治『平成の天皇 青春の日々』(読売新聞社) 1989年5月刊
高杉善治『天皇明仁の昭和史』(ワック) 2006年1月刊
薗部英一(編)『新天皇家の自画像』(文藝春秋) 1989年3月刊

編集協力／加藤賢治　石井康夫

カバー・本文写真／共同通信社（下記以外）
ゲッティ／共同通信イメージズ（P23）
西日本新聞／共同通信イメージズ（P129 下）
沖縄タイムス／共同通信イメージズ（P173 上）
PA ＝共同（P193）
ロイター＝共同（P201）
朝日新聞社（P250-P251）

切りとり線

★読者のみなさまにお願い

この本をお読みになって、どんな感想をお持ちでしょうか。祥伝社のホームページから書評をお送りいただけたら、ありがたく存じます。今後の企画の参考にさせていただきます。また、次ページの原稿用紙を切り取り、左記まで郵送していただいても結構です。

お寄せいただいた書評は、ご了解のうえ新聞・雑誌などを通じて紹介させていただくこともあります。採用の場合は、特製図書カードを差しあげます。

なお、ご記入いただいたお名前、ご住所、ご連絡先等は、書評紹介の事前了解、謝礼のお届け以外の目的で利用することはありません。また、それらの情報を6カ月を超えて保管することもありません。

〒101―8701（お手紙は郵便番号だけで届きます）
祥伝社新書編集部
電話03（3265）2310
祥伝社ホームページ　http://www.shodensha.co.jp/bookreview/

★本書の購買動機（新聞名か雑誌名、あるいは○をつけてください）

＿＿＿＿新聞の広告を見て	＿＿＿＿誌の広告を見て	＿＿＿＿新聞の書評を見て	＿＿＿＿誌の書評を見て	書店で見かけて	知人のすすめで

★100字書評……天皇陛下と美智子さまの言葉

名前

住所

年齢

職業

近重幸哉　ちかしげ・ゆきや

皇室ジャーナリスト。1961年広島県生まれ。88年に『女性自身』記者となる。グラビアページを担当し、皇室取材を受け持つ。皇室担当記者として、天皇皇后両陛下、皇太子殿下と雅子妃殿下のご成婚から愛子内親王のご誕生、今日までの皇室ご一家を取材しつづけている。2017年2月28日から3月6日までの天皇皇后両陛下のベトナムご訪問に同行。テレビのコメンテーターとしても活躍。著書に『生まれてきてくれてありがとう――愛子さまの二年間』(朝日出版社) がある。本書は単行本『明仁天皇の言葉』(2017年、小社刊) を大幅に改訂した。

天皇陛下《てんのうへいか》と美智子《みちこ》さまの言葉《ことば》――ヴィジュアル版
国民《こくみん》に寄《よ》り添《そ》った60年《ねん》

近重幸哉《ちかしげゆきや》

2019年４月10日　初版第１刷発行

発行者……………辻 浩明
発行所……………祥伝社しょうでんしゃ
〒101-8701　東京都千代田区神田神保町3-3
電話　03(3265)2081(販売部)
電話　03(3265)2310(編集部)
電話　03(3265)3622(業務部)
ホームページ　http://www.shodensha.co.jp/

装丁者……………盛川和洋
印刷所……………萩原印刷
製本所……………ナショナル製本

Printed in Japan　ISBN978-4-396-11568-5　C0230